U0139157

鍾靜談教與學（一）

# 數學素養導向教學設計實務

鍾靜　著

五南圖書出版公司 印行

# 推薦序

　　教育部推動十二年國民基本教育新課綱自 108 學年度上路，迄今已實施 3 年，新課綱主軸是「核心素養」，強調學習不宜以學科知識及技能為限，而應關注學習與生活的結合，透過實踐力行而彰顯學習者的全人發展，不以「學科知識」為學習的唯一範疇，強調「終身學習」的意涵，注重學習歷程、方法、策略及與情境結合，並在生活中能夠實踐力行的特質。其次，新課綱素養導向教學設計的四個原則：整合、情境、策略、實踐，需要嘗試多應用情境，素養評量則須儘量應用所學，連結不同領域（科目）所習得的知識、技能與態度，來解決生活情境問題。

　　欣聞鍾靜教授即將出版退休後的第一本書《鍾靜談教與學（一）：數學素養導向教學設計實務》，鍾教授自 95 學年度即擔任臺北市國小數學基本學力檢測的指導教授，國小數學基本學力檢測的目的，除在發現學生的學習問題與困難，提供教師補救教學參考外，更重要的是讓教師們藉由學生的答題表現，回顧、思考教學歷程中是否有可調整之處，進而減少學生學習問題，讓教學更精進、更具效能。此外，鍾教授亦是臺北市國小數學領域輔導團超過 30 年的指導顧問及數學好友，在本團出版一系列的素養系列專書中，亦指導了兩本專書：108 年 7 月出版的《建構反應題融入數學領域素養教學活動設計》與 109 年 11 月出版的《數學繪本素養導向教學活動設計》，提供現場教師可以參考的素養教學活動設計，可見鍾教授為國小數學教育著實貢獻良多！

　　在鍾教授的這本談教與學專書中，前兩章為「數學素養的內涵與教學」與「數學的思維基礎篇：認知發展」，其內容包括數學素養內涵簡介與剖析、數學素養導向的教學設計及針對數學認知發展相關的單元教學

設計；第三、四章則談到「探究教學與繪本教學」的應用實踐與實例簡介；最後提到「數學課室的討論文化」，包括理想數學課室的樣貌、群體討論文化的實踐等。鍾教授擔任國小教師、校長多年，亦在教育大學培育師資 26 年，更主持教育部中央數學領域輔導群，輔導各縣市國中小數學領域輔導團達 10 年之久，是國內兼具理論與實務的資深數學教育家。本專書內容自理論闡述出發，累積鍾教授科技部專案、指導研究生和多年數學教學輔導的寶貴實務經驗，理論與實務兼具的實例介紹，實為第一線教師們的優良參考書籍，亦為深入新課綱素養教學內涵與實務最佳的增能教材。

感謝鍾教授長期對臺北市國小數學領域輔導小組的指導與支持，更感謝教授邀請為本書寫推薦序，除倍感尊榮與受寵若驚外，更欣喜有這個機會介紹與推薦這本新書，期待本書能在新課綱的素養教學發揮重要的關鍵影響力！

臺北市國教輔導團國小數學領域輔導小組召集人兼主任輔導員
臺北市大同區永樂國民小學校長

陳滄智 謹致

2022.3.4

# 推薦序

## 理論與實務兼具的數學素養教學指引

　　鍾靜教授是我的數學老師，也是新北市數學輔導團的諮詢教授，我很喜歡與老師一起討論數學，不僅可以學習許多數學教學知能，更可以共學激發許多教學創意與思維。

　　十二年國民基本教育課程綱要強調培養學生核心素養，讓他們具備適用於真實生活中有用的能力與態度，面對這樣不同以往的教育思維，到底要如何落實，現場教師難免會有擔心與疑慮。鍾老師的這本書寫的是自身多年的數學教學實踐經驗，從九年一貫的能力取向轉變到十二年課綱的素養取向。過程中，鍾老師都持續陪伴在現場教師身邊，提供正確的引導與專業陪伴，依據學校現場教師的數學教學需求，幫助教師進行有效的數學教學。

　　鍾老師是一位很有教育熱忱與親和力的教師。多年前，她答應擔任新北市數學輔導團的諮詢教授後，經常長期陪伴輔導團教師探究數學教學，協助輔導團發展「轉、做、得」數學素養教學設計模式與「定、連、得」素養評量設計參考要點，用心參與團員的教學案例設計、公開授課討論、數學能力檢測命題等專業發展活動，在與鍾老師專業諮詢過程中，輔導團教師的數學教學變得有趣且有效能。

　　數學素養教學設計與實務是現場教師最需要的指引，為培養學生有數學的思維及生活的應用，鍾老師透過多年的實務經驗所撰寫的書兼具理論與實務，介紹「數學素養的內涵與教學」、「數學思維的認知發展、探究教學」、「生活應用的數學繪本教學」及「數學課室的討論文化」等，

每一篇章都是依據現場教師數學教學的問題，透過系統性的論述與案例說明，為進行新課綱素養導向數學教學的教師提供明確的引導與訊息。

　　我相信這本《鍾靜談教與學（一）：數學素養導向教學設計實務》能協助現場教師更理解並設計素養教學，培養學生透過數學習得有效思維，將數學內化運用於真實生活中。

新北市數學領域國教輔導團及智慧學習輔導小組召集人
新北市新店國小校長

許德田

2022.3.6

# 自 序

　　我不相信我能寫完一本書，當多年前有前輩教授鼓勵我退休後可以寫書時，我直覺認為這是不可能的任務，因為我不是文思泉湧、下筆順暢的人，而且這是一個很艱困的工作。我會鼓起勇氣來寫《鍾靜談教與學（一）：數學素養導向教學設計實務》，就是想要用最簡單、最易行的內容，來協助現場教師了解數學素養的成分，以及掌握數學素養導向教學的可行方向。

　　這本書一共有六章，第一章是談「數學素養的內涵與教學」，包括數學素養內涵簡介及剖析、數學素養導向的教學設計；第二章談「數學的思維基礎篇：認知發展」，包括整數加減與加減互逆、整數乘除與乘除互逆、整數四則併式與列式、等值分數與擴約分、時間用語與概念的單元認知發展教學設計；第三章談「數學的思維加強篇：探究教學」，包括探究教學的意義與價值、四階段探究的教學設計、小型探究活動的教學設計、探究教學實施的提醒、探究教學與活動的實例簡介；第四章談「生活的應用實踐篇：繪本教學」，包括數學繪本教學的定位與價值、數學繪本與其教學選用的探討、數學繪本教學的實施和考量、數學繪本教學的實例簡介；第五章談「數學課室的討論文化」，包括理想數學課室的樣貌、群體討論文化的實踐；第六章則是「結語」，包括教材分量安排須循序漸進、教師專業成長須假以時日等。筆者向來是理論和實務並重者，所欲推廣的理念或實施，一定會考量現場教師的接受度、可行性和有效性，也通常會經過長期的工作坊、研究小組來了解現場教師們的反應和需求，充分掌握什麼對教師教學有提升？什麼對學童學習有幫助？什麼使數學教與學有意義？

書中的內容大都跟我的科技部計畫或指導研究生論文有關，從這些經驗中讓我有多元角度的思考，尤其在規劃章節、撰寫內容部分。筆者長期涉略學童數學認知發展、數學課室群體討論文化、數學繪本閱讀與教學、數學探究教學等方面的研究和實踐；希望藉由此書能和教學現場的教師們交流，共同分享素養導向的數學教學，讓我們為培養學童有「數學的思維」、「生活的應用」數學素養而努力！至於未來《鍾靜談教與學（二）：數學素養導向評量設計實務》，正在構思尚未動筆；此刻，期盼大家覺得本書《鍾靜談教與學（一）：數學素養導向教學設計實務》，對培養學童數學素養、提升教學實務有所助益才是重要！

國立臺北教育大學數學暨資訊教育學系退休教授

**鍾靜** 謹記

2022.2.10

# 目　錄

推薦序（陳滄智）　　　　　　　　　　　　　　　　　　　　　　　i

推薦序（許德田）　　　　　　　　　　　　　　　　　　　　　　　iii

自序　　　　　　　　　　　　　　　　　　　　　　　　　　　　　v

**1　數學素養的內涵與教學**　　　　　　　　　　　　　　　　**1**

數學素養內涵簡介及剖析　　　　　　　　　　　　　　　　　　2

數學素養導向的教學設計　　　　　　　　　　　　　　　　　　8

**2　數學的思維基礎篇：認知發展**　　　　　　　　　　　　**15**

整數加減與加減互逆單元認知發展教學設計　　　　　　　　　16

整數乘除與乘除互逆單元認知發展教學設計　　　　　　　　　31

整數四則併式與列式單元認知發展教學設計　　　　　　　　　43

等值分數與擴約分單元認知發展教學設計　　　　　　　　　　56

時間用語與概念單元認知發展教學設計　　　　　　　　　　　69

**3　數學的思維加強篇：探究教學**　　　　　　　　　　　　**83**

探究教學的意義與價值　　　　　　　　　　　　　　　　　　84

四階段探究的教學設計　　　　　　　　　　　　　　　　　　91

小型探究活動的教學設計　　　　　　　　　　　　　　　　100

探究教學實施的提醒　　　　　　　　　　　　　　　　　　104

探究教學與活動的實例簡介　　　　　　　　　　　　　　　109

**4** **生活的應用實踐篇：繪本教學** **131**

數學繪本教學的定位與價值 132

數學繪本與其教學選用的探討 138

數學繪本教學的實施和考量 155

數學繪本教學的實例簡介 166

**5** **數學課堂的討論文化** **203**

理想數學課室的樣貌 205

群體討論文化的實踐 211

**6** **結語** **219**

教材分量安排須循序漸進 220

教師專業成長須假以時日 221

參考文獻 223

# 1

# 數學素養的
# 內涵與教學

　　數學素養在數學教育界已被關注許久，十二年國教重視核心素養之際，教學現場要培養學童數學素養能力的呼聲又起；數學素養和數學領域核心素養一樣嗎？還是二者有關聯或有異同？國小教師 98% 是包班制，通常導師要教數學、國語文，還可能同時任教其他領域的課程；面對新課程（十二年國教課程）改革，往往迫切想了解和前次課程（九年一貫課程）的關聯或差異，還有新課程的訴求重點和教學實務。數學領域的新課程強調核心素養（教育部，2018），數學教育界更關注數學素養，教師們該如何兼顧二者，該怎麼做才能掌握數學課程的學習表現和學習內容呢？本篇將從數學素養的內涵及要素、數學素養和核心素養的關聯，以及數學素養導向教學的實務，一一來探討；幫助現場教師有信心、有能力勝任有素養的數學教學。

## 數學素養內涵簡介及剖析

　　數學教學須考量學童舊經驗到新概念的發展、具體活動到抽象概念的提升、數學概念和生活情境的關聯；而數學素養教學更強調學生為中心的教學，在教學歷程中培養學生主動學習，發展探究氛圍和討論文化。雖然「數學課好好教」也可培養學童數學素養，但什麼是數學課好好教呢？以教師為中心的講解或說明，甚至有形式上討論的課堂，都不足以培養學童具有核心素養強調的自主行動、溝通互動、社會參與等能力，或是數學素養所訴求的內涵；除非數學課室落實以學生為中心的教學，學童能主動參與、肯提問、會討論……。總之，停留在只完成學習內容和學習表現的數學課，甚至略有形式上學生為中心的討論文化，師生在核心素養或數學素養的實踐必定大大不足。我們要透過怎樣有特色的教學，增加什麼成分才能培養學童的數學素養呢？

## 數學素養的國內外論述

國內外數學素養的論述不少，李國偉、黃文璋、楊德清與劉柏宏（2013）在數學素養白皮書中，綜合國內外文獻，定義數學素養的內涵：個人的數學能力與態度，使其在學習、生活與職業生涯的情境脈絡中面臨問題時，能辨識問題與數學的關聯，從而根據數學知識、運用數學技能，並藉由適當工具與資訊去描述、模擬、解釋與預測各種現象，發揮數學思維方式的特長、做出理性反思與判斷，並在解決問題的歷程中，能有效地與他人溝通觀點；其重點可歸納爲發揮數學思維方式、理性反思與判斷、解題歷程中有效溝通、辨識面臨問題與數學的關聯。林福來、單維彰、李源順與鄭章華（2013）在十二年國教數學領域課程前導性研究中，提出「知」、「行」、「識」數學素養的培養架構，在此架構中「知」是指「學什麼」或「是什麼」爲數學的內容；「行」是「怎麼做」或「怎麼用」，指的是學生所展現出來的數學能力，包括程序執行、解題、溝通、論證等等，這是現今數學教育主要的能力面向；「識」則是「爲什麼」、「你認爲」，指的是對數學的內在認知與情意涵養，包括概念理解、連結、後設認知，以及欣賞數學的美。

美國數學教師協會（National Council of Teacher of Mathematics, NCTM）首先提出數學教育改革的願景，認爲一個具有數學素養的學生必須要達到以下五項目標（NCTM, 1989）：要能了解數學價值、要對自己的能力有信心、要成爲數學的解題者、要能用數學的方式溝通、要會用數學的方式去推理事情。美國國家研究會（NRC, 2001）界定成功的數學學習就是擁有所謂的數學素養，它是由五股數學能力（Kilpatrick et al., 2001）互相交織而成的數學學習表徵，此五股數學能力分別爲：(1) 概念理解（conceptual understanding）：對數學概念、運算及關係的理解；(2) 程序流暢（procedural fluency）：進行程序的技巧是有彈性的、準確的、高效率的和適切的；(3) 策略運用（strategic competence）：公式化、抽象化和

解決數學問題的能力；(4) 適性推論（adaptive reasoning）：邏輯思考、反思、解釋和辯證的處理能力；(5) 建設性傾向（productive disposition）：視數學為可察覺的、有用的和有價值的慣性傾向，此傾向與勤勉的信念和個人效能相連結。推動國際 PISA 測驗的經濟合作與發展組織（OECD, 2018）將 PISA 2022 數學素養定為：個體在各種真實世界的情境脈絡中，進行數學推理，並透過形成、應用、詮釋數學以解決問題的能力，包含運用數學概念、程序、事實與工具來描述、解釋和預測現象，以及促進個體了解數學在世界中所扮演的角色，並促使個體做出有根據的判斷與決策，此乃成為具建設性、投入性與反思力的 21 世紀公民所需。與 PISA 2003、PISA 2012-2018 相比，PISA 2022 的評量架構除了維持既有數學素養的基本概念，更重視學生在快速變遷的世界趨勢中，身為公民需要積極參與社會，使用新科技為自己和所生活的社會做出富有創意的判斷能力。換言之，學生要有能力去辨識、理解、探索數學在這個世界上的意義，解決私人生活、學校生活、工作與休閒、社區與社會中各種不同情境的問題，能解釋自己做出來的數學判斷，能夠進行邏輯思考，進而探索數學。

## 數學素養與十二年國教數學課程的核心素養

十二年國教倡導的核心素養有「自主行動」、「溝通互動」與「社會參與」三個面向，每個面向皆包含三個子素養；配合數學領域的學習表現和學習內容，還有不同階段學生的能力和特性；此九個核心素養都有其國小階段的具體內涵（教育部，2018）。核心素養在數學領域的實踐，必定和數學素養息息相關；我們要透過怎樣的教學，增加什麼成分才能培養學童的數學素養呢？總綱強調「學生為本位、尊重個別差異、鼓勵探索學習、培養問題解決能力」的教學內涵，素養導向的數學課室必須落實學生為中心的教學外，在教學歷程中培養學童能自主學習，發展探究氛圍和討論文化也相當重要。

十二年國教課綱數學領域是以學習表現和學習內容來詮釋課程內容，

因此九年一貫數學領綱五大主題的數與量、代數、幾何、統計與機率、連結，其中的「連結」不是學習內容，它是學習數學的過程或能力；故新課綱以內在／內部連結、外在／外部連結，多次出現在教學實施部分要求實踐。新課綱配合國小到高中數學課程所學的內容，國小階段將代數改稱「關係」，整體課程的幾何改稱「空間與形狀」、統計與機率改稱「資料與不確定性」。九年一貫和十二年國教數學領綱出現「連結」，符合世界數學課程改革的潮流，它重視學童在數學學習的歷程中，培養察覺、轉換、溝通、解題、評析的能力，這些跟數學教育強調的解題、溝通、推理、連結、表徵（NCTM, 2000）息息相關。美國數學教師協會所指的連結，其範圍較小，是指數學內、數學外（NCTM, 2000）；而九年一貫課程所指的連結，其範圍較大，有察覺、轉換、溝通、解題、評析等五項內涵。「連結」可分內部／內在連結、外部／外在連結，內部連結包含學童的舊經驗到新概念，以及數學教材數、量、形等之間的關聯；外部連結包含數學與日常生活，以及數學與其他領域的關聯。九年一貫課程重視知識和能力，以及強調課程整合及帶得走的能力；而十二年國教課程強調素養，它相較於九年一貫課程除重視知能外，也重視態度的實踐，強調自主行動、溝通互動與社會參與的學習文化。因此，態度（Attitude）、技能（Skill）、知識（Knowledge）的英文字頭合起來是「ASK」，就是要培養學童能提問和發表、討論和辯證等討論氛圍。試問數學課室沒有落實學生為中心的教學，核心素養及數學素養如何達成？

## 數學素養的二類重要成分

筆者進一步探討核心素養及數學素養的重要成分，以明確協助教師掌握素養課程與教學的實踐。核心素養的三面九項在數學領域國小階段的具體內涵，根據學童所學數學知能的內容或本質，將這些具體內涵以趨近於數學知能直接或間接有關來分類，例如：A2「具備基本的算術操作能力，並能指認基本的形體與相對關係，在日常生活情境中，用數學表述與解決

問題」，強調要具備算術、形體等基本能力，以及會說或會用數學，我就將「系統思考與解決問題」歸於直接有關；例如：B3「具備感受藝術作品中的數學形體或式樣的素養」，強調藝術作品中對數學的感受，我就將「藝術涵養與美感素養」歸於間接有關；例如：C2「樂於與他人合作解決問題並尊重不同的問題解決」，強調合作解題及問題解決，因數學學習很重解題，我就將「人際關係與團隊合作」歸於直接有關。筆者也同步以此觀點分析國內、外學者所論述的數學素養，並綜合這些分析，認為直接與數學知能有關者以「數學的思維」稱之，間接與數學知能有關者以「生活的應用」稱之。「數學的思維」比數學思維更高位，它不止是要學會數學思維，還要透過數學學會思維，要想的更清晰、更全面、更深、更合理；還須用數學的眼光來發現問題、表述問題、分析問題、解決問題，並能動手和動腦，提升思維的品質。「生活的應用」比生活應用更寬廣，它不止是數學的生活應用，而是包括學習數學有信心、有興趣、能探索、能賞析，並且能用數學來溝通、感受數學的價值，解決各種情境中與數學關聯的問題。從國內、外有代表性的數學素養文獻和課綱核心素養中，彙整出二類重要成分「數學的思維」和「生活的應用」，如下表：

表 1-1：數學素養的二類重要成分

| | Kilpatrick 等人 | NCTM | OECD | 李國偉 等人 | 林福來等人 | 核心素養 |
|---|---|---|---|---|---|---|
| 數學的思維 | 概念理解 程序流暢 適性推理 | 數學的解題者 用數學去推理 | 辨識數學 理解數學 數學判斷 邏輯思考 | 發揮數學思維方式 理性反思與判斷 | 知 ： 學什麼、是什麼 行：怎麼做 識：為什麼 | A2 系統思考與解決問題 B1 符號運用與溝通表達 B2 科技資訊與媒體素養 C2 人際關係與團隊合作 |

| | Kilpatrick 等人 | NCTM | OECD | 李國偉 等人 | 林福來等人 | 核心素養 |
|---|---|---|---|---|---|---|
| 生活的應用 | 策略應用 建設傾向 | 了解數學 價值 對能力有 信心 用數學去 溝通 | 探索數學 解決各種 不同情境 的問題 | 解題歷程 中有效溝 通 辨識面臨 問題與數 學的關聯 | 行：怎麼用 識：你認為 | A1 身心素質與自 我精進 A3 規劃執行與創 新應變 B3 藝術涵養與美 感素養 C1 道德實踐與公 民意識 C3 多元文化與國 際理解 |

　　這二類數學素養的重要成分「數學的思維」、「生活的應用」，可銜接九年一貫數學課程「連結」的學習歷程目標，再加上態度，以落實數學素養的實施；內部連接可擴充為「數學的思維」、外部連接可擴充為「生活的應用」。十二年國教課程數學領域課綱總召張鎮華（2017）指出數學素養應包含四個面向：(1) 數學學科知識的素養；(2) 應用到學習、生活與職業生涯的素養；(3) 正確使用工具的素養；(4) 有效與他人溝通的素養；並強調數學學科知識也是數學素養的一部分，是最基本的素養，沒有基礎的素養就談不上應用的素養。所以，學科素養、應用素養、工具素養、溝通素養這四種數學素養，其中的「學科素養、應用素養」可分別與「數學的思維、生活的應用」對應，至於工具素養、溝通素養都會在學生為中心的教學，以及重視操作的實作中產生。基於數學素養教學不能失去學科本質，所以「數學課好好教」就是要學童學好，使他們能自主探索、互動溝通、思考推理、靈活運用等。但是要凸顯或強化數學素養「數學的思維、生活的應用」，教師可有哪些具體作為呢？

# 數學素養導向的教學設計

　　數學素養教學在培養學童學習的自主、溝通、參與等態度，它很難有一個所謂的教學模式，它須落實學生為中心的教學，也要強化「數學的思維」、「生活的應用」二類成分；因此，本節先從國外文獻了解相關的教學，再介紹國內案例的研發，以及本書對數學素養導向教學的聚焦。

## 數學素養導向教學的國外文獻

　　美國數學教師協會在 1989 年所頒布《學校數學課程和評鑑標準》（Curriculum and Evaluation Standards for School Mathematics）（NCTM, 1989）中列出九項目標中有四項過程目標：解題（mathematics as problem solving）、溝通（mathematics as communication）、推理（mathematics as reasoning）、連結（mathematics as connection）。這裡所指的連結包含強調各主題間的數學概念、相同數學概念和過程間內部的關聯，以及數學與其他領域、日常生活、社會活動等外部的關聯。接著，在《學校數學課程標準和原則》（Principles and Standards for School Mathematics）（NCTM, 2000）中將過程目標增加表徵（mathematics as representation）一項；而此解題、溝通、推理、連結、表徵五項，則是數學學習過程中所要培養的數學能力。連結部分有三個標準：(1) 認識數學概念，並且具有連結這些數學概念的能力；(2) 能夠了解數學概念相互連結的關係，是一個連貫的數學體系；(3) 在數學之外的生活情境中，能夠認識並運用數學概念。具體而言，此《學校數學課程標準和原則》中的連結標準具有兩個獨立面向：第一，是指數學思維間的關聯，例如：乘法和除法緊密相關，分數、小數和百分比緊密相連，所以應該幫助學生明白數學概念是怎樣相互關聯成一個整體的，數學並非只是孤立的規則和公式而已；第二，是指數學和現實世界及其他學科領域緊密結合，學生應該看到數學在藝術、科學和社會科學等領域所發揮的巨大作用。

　　荷蘭數學教育學者 Freudenthal 等人基於「將數學學習還原於人類的生活」的省思，提出真實數學教育（Realistic Mathematics Education, RME）的理念，於 1960 年代末起，掀起了荷蘭數學教育改革的思潮，荷蘭就此邁向現實數學教育的漫長改革過程。真實數學教育認為以兒童認知發展為基礎，以真實的生活情境為核心，兒童經由生活世界的活動，運用所學的數學知識，並且在生活經驗中去察覺出數學的關係和定律，最後將所學的概念內蘊化（Freudenthal, 1973, 2012）；也就是數學是和生活連結在一起的，從生活化的情境問題到數學問題，由具體問題到抽象數學概念的轉化活動。Van Den Heuvel-Panhuizen（2000）提出進一步的觀點：(1) 數學必須連接現實世界，貼近孩子的生活經驗與社會相關，以具備人類的價值，且強調數學是一種人類的活動，數學課應該給予學生引導，藉著操作再創造數學；(2)「水平數學化」與「垂直數學化」：水平的數學化是提供學生在真實生活情境中，幫助組織和解題的數學工具，從生活中的世界，進入符號世界；垂直的數學化是符號世界內的運動，是數學自己本身內部改造的過程，一個人必須將數學化放在心上，它就可以產生不同的理解層級；(3) 提供學生所能夠理解的解題情境：荷蘭的「真實」觀念點出，學生能夠理解的情境不一定狹隘地限制在現實世界中，而是在學生心理能製造真實畫面的素材，這樣的情境脈絡雖然不見得是會真實發生的，但在學生腦中卻是真實的。九年一貫課程數學領域暫行綱要（教育部，2000）及正式綱要（教育部，2003）在我國數學課程的改革上，首次提出內容目標外的過程目標「連結」；尤其外部連結部分，其理念相當接近「水平數學化」。

　　總之，前述的「垂直數學化」與內部／內在連結有關外，並可擴大為數學素養「數學的思維」成分；「水平數學化」與外部／外在連結有關外，並可擴大為數學素養「生活的應用」成分。教師可從這些論述，掌握數學素養導向教學的內涵，以培養學童具備數學素養。

## 數學素養導向教學的國內案例

核心素養要轉化成素養導向課程教學與設計時，有四點基本原則（林永豐，2017）：(1) 連結實踐的情境脈絡，讓學習產生意義；(2) 強調學生參與和主動學習，得以運用與強化相關能力；(3) 兼顧學習的內容（學習內容）與歷程（學習表現），以彰顯素養乃包含知識、技能、情意的統整能力；(4) 針對不同核心素養項目，應有不同設計重點。這四點原則應適用於數學素養教學的各種論述；數學領域的素養導向教材的發展應把以下四點納進考量（國家教育研究院，2016）：

1. 循序漸進呈現數學內容，具備多重表徵，適時發展差異化教學。適當結合性別平等、人權、環境與海洋教育等相關議題。

2. 題材選擇上應反映出數學概念之間的內在連結，考量學生的認知發展，在數學直觀與嚴謹之間取得平衡，此外也應考量與其他數學主題、日常生活或其他領域的外在連結。

3. 提供充足的學習任務與習題，學習任務應具有意義並反映數學思考，習題和隨堂練習應具有形成性評量的效用。

4. 可適時引入數學史、民族數學與數學家小傳，引發學童的興趣、培養欣賞數學發展的素養。

再從數學素養導向的數學模組設計來思考，有六項原則可參考（單維彰、鄭章華，2017）：(1) 透過現實情境、寓言故事或數學史引入教材，營造數學學習需求；(2) 以任務鋪陳數學學習脈絡，引導學生進行探索與發展理念；(3) 讓學生運用相關數學知識與能力解決問題，提出合理的觀點與他人溝通；(4) 教材安排從具體到抽象，提供學童有感的學習機會；(5) 教材設計具備多重表徵；(6) 學習任務具備形成性評量的功能，以評估與促進數學學習。

有關一些數學素養導向教學的案例，本節不逐一詳細介紹，只簡單說明有哪些案例可參考。國家教育研究院出版《十二年國教數學素養導向課程設計與教學案例》（單維章、鄭章華，2017）在國民小學篇，介紹

「比與比值」、「正方體與長方體」設計發展的經驗分享與單元案例。「比與比值」的教學設計考量：(1) 教學情境脈絡該如何安排？(2) 比的定義為何？(3) 這個模組適合進行實作活動嗎？單元教學包括：果凍製作、立竿見影，還有三個實力大挑戰；「正方體與長方體」的教學設計考量是：(1) 教學目標該如何取捨？(2) 操作活動該怎麼設計？(3) 教學時數不足、操作活動的變數太多怎麼辦？(4) 實測物品該如何選擇及呈現？單元教學是創意包裝盒設計大賽，包括：紙盒製作、正方體與長方體的展開圖、正方體與長方體的示意圖，還有二個作品設計圖的附件及一個實力大挑戰；以上兩個案例的詳細內容可以在國家教育研究院網站找到。還有學者（林碧珍、鄭章華、陳姿靜，2016）發展學童「認識三角形及其性質」的教學論證，藉由數學臆測教學的五個階段，來進行數學素養導向的任務設計與教學實踐。

　　數學素養導向的教學，在早年是以數學為核心的統整課程呈現，也有一些可參考的出版品，例如：《數學為主軸的統整課程教學活動示例》（周筱亭，2001a，2001b，2001c，2003a，2003b）國小 5 本共有 20 個案例，它是以外部連結和內部連結觀點來設計教材，例如：

**案例 1：都是水惹的禍 & 惑**

| 年級 | 活動名稱 | 生活情境 | 數學教學重點 |
|---|---|---|---|
| 一 | 誰先裝滿 | 玩水活動 | 容量的初步認識 |
| 二 | 大家來喝下午茶 | 喝下午茶 | 容量的認識、容量的直接比較 |
| 三 | 瓶瓶罐罐總動員 | 蒐集礦泉水瓶 | 使用以分公升為刻度的單位工具 |
| 四 | 水龍頭的告白 | 洗手活動 | 容量的間接比較<br>容量的個別單位比較與實測 |
| 五 | 小小精算師 | 礦泉水價格調查<br>精算買水費用 | 公升、分公升的化聚實測及估測 |
| 六 | 馬桶用水知多少 | 馬桶用水實驗 | 公秉、公升的化聚實測及估測 |

洪雪芬／國小篇（二）

　　案例 1 是一個以課本教材為主，設計一節外加的生活情境課程；作者把各年級的容量課程調整至同一個月實施，營造一個跟水有關的統整課程，也可是校定課程的一部分。

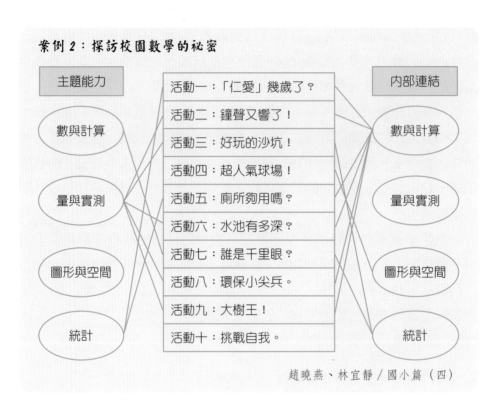

案例 2：探訪校園數學的祕密

| 主題能力 | 活動一：「仁愛」幾歲了？ | 內部連結 |
| 數與計算 | 活動二：鐘聲又響了！ | 數與計算 |
| | 活動三：好玩的沙坑！ | |
| | 活動四：超人氣球場！ | |
| 量與實測 | 活動五：廁所夠用嗎？ | 量與實測 |
| | 活動六：水池有多深？ | |
| | 活動七：誰是千里眼？ | |
| 圖形與空間 | 活動八：環保小尖兵。 | 圖形與空間 |
| | 活動九：大樹王！ | |
| 統計 | 活動十：挑戰自我。 | 統計 |

趙曉燕、林宜靜／國小篇（四）

　　案例 2 是一個以五年級一學期各單元課程內容為主的活動設計，其中活動一至活動九共 9 個活動，讓學生在校慶月分組利用一個月的下課時間去完成這些學習單，最後 1 個活動利用二節課讓學童分享和討論，是很不錯的統整或校本課程。

案例 3：橄欖樹

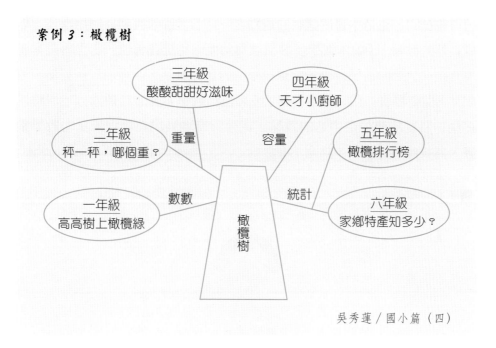

吳秀蓮／國小篇（四）

　　案例 3 是一個以當地特產來設計的統整或校本課程，配合數學課程的內容，將橄欖的生產和製作融入各年級的教學活動，讓學童在數學學習中也能了解家鄉的特產。

　　這些教學案例有很多小型的，也有低、中、高年級適用的，都包含數與計算、量與實測、幾何、統計等各種數學主題或內容。教師們可藉由這些案例在教學歷程中多著力，即可經由「數學的思維」及「生活的應用」兩個向度來培養學童的數學素養。

## 數學素養導向教學的聚焦與強化

　　數學素養的二類成分「數學的思維」和「生活的應用」，怎樣可以更有深度的在教學中實施？想要二者同時並等量兼顧的數學教學，筆者覺得沒有適合的教學模型可推薦。若教師想實施以思維為主、應用為輔的教學，又期盼不是很複雜的數學素養導向教學，我個人認為「探究教學」是

值得嘗試的，也是本書欲探討的重點之一。若教師想實施以應用為主、思維為輔的教學，「繪本教學」的價值與功能一定排在首位，它也將在本書中介紹。教師的數學教學若能重視學童的認知發展，並增加一些亮點，例如：「探究教學」和「繪本教學」，來強化數學素養的二類成分，同時以這些材料實施學生為中心的教學，定可深層地展現並培養學童的數學素養，其彼此間的關係，詳圖 1-1：

**圖 1-1**

認知發展

本專書除了簡介數學素養的內涵與成分、落實學生為中心的數學素養導向教學外，第二章談「數學的思維」基礎篇的認知發展、第三章談「數學的思維」加強篇的探究教學、第四章談「生活的應用」實踐篇的繪本教學，以及第五章談數學課室的討論文化，以實施學生為中心的教學。

# 2

# 數學的思維基礎篇
## 認知發展

「認知發展」是指個體自出生後，在適應環境的活動中吸收知識時的認知方式以及解決問題的思維能力，其隨著年齡增長而改變的歷程。皮亞傑認知發展論的感覺動作期（0-2 歲）、前運思期（2-7 歲）、具體運思期（7-11 歲）、形式運思期（11 歲以上）對國小教學的安排或設計最有啟發。在數學教育界據此以 11 歲左右為界，國小階段學童的數學概念以算術思維為主，到國中階段則可進入代數思維；學生的數學學習要從具體活動到抽象思考，具體活動包括實體教具操作、運用當下具有的圖像或符號知能，來進行解題活動，再從活動中找到規律或樣式（pattern），逐步形成抽象的新概念。教師須了解或清楚學童已達到的發展階段（developmental level），大部分學童需要較多的既有知識或能力，才可以進一步學習較高深的數學課題，例如：很多學童是需要較多具體的實物操作經驗，才可學習較抽象層次的課題。基於數學素養教學不能失去學科本質，所謂「數學課好好教」就是要學童學好，使他們能自主探索、互動溝通、思考推理、靈活運用等，以及須有「數學的思維」或「生活的應用」二個要素；所以教師要考量以「數學的思維」為主的教材脈絡，以及教學安排的順暢性。本章不擬談高深的理論，也不談數學教材教法；只想從實務面上選擇一些學童常見的學習困難，來談談配合學童認知發展的教學設計。

## 整數加減與加減互逆單元認知發展教學設計

國小階段整數概念與加減運算是低年級重要的內容，尤其加和減是四則運算的基礎；一步驟加、減問題看起來很簡單，但對兒童而言，不同的題型在學習上是有難易之分的。

### 學童學習困難解析

加法問題的基本型是併加和添加，進階型就是加數、被加數未知；減法問題的基本型是拿走，進階型就是減數、被減數未知。整體而言，從題

意上來分析，結果量未知問題是基本型，而改變量、起始量未知問題就是進階型；這些問題例如：18+（ ）=35、（ ）+18=35、35-（ ）=18 的題目，從成人觀點認為可用 35-18=17 的減法來解，就都混在一起教學，殊不知這些不同層次的問題，對學童而言有很大差異，例如：二個數量合起來是 18+（ ）=35、（ ）+18=35 的加法問題，為何要用減法 35-18=17 來解？它沒有拿走型的語意啊！還有 35-（ ）=18、（ ）-35=18，前者仍用減法 35-18=17 來解，後者卻用加法 18+35=53 或 35+18=53 來解。學童心中若無二個數量的關係心像，怎麼知道二個部分量和一個整體量間，未知數量要如何求解？

誰比誰多、誰比誰少也是學童學習困難的問題，基本型就是求差量，例如：小平有 14 元、小安有 17 元，小安比小平多幾元？或小平比小安少幾元？求差量的題目 17-14=（ ）是二個要比的數量都知道，只是未見拿走型語意，有部分學童不易理解為何用減法算式？比多題較容易，比少題較難懂。進階型就是比較量未知，例如：小安有 17 元，小平比小安多 3 元，小平有幾元？解題記錄是 17+3=20；基準量未知，例如：小安有 17 元，小平比小安多 3 元，小平有幾元？解題記錄是 17-3=14，怎麼比較多要用減的？其語意更難。這些都是對學童較難的題型，絕對不宜和基本型混在一起教學！

再者，學童在此階段對於關係主題的加減互逆性質也很迷惑，減法計算題用加法驗算，很多學童寫答案時是加法的解法，而且先學的加法計算問題本身比較簡單，就沒有必要用較難的減法來驗算。學童碰到加減問題（不含比較問題）的進階型，須有加減互逆的概念才能求解，例如：要先能理解 18+17=35 或 17+18=35 加法算式和 35-18=17 減法算式間的加減互逆關係，碰到 18+（ ）=35、（ ）+18=35 時才會用 35-18=17 求解。有些教師認為針對題意中加數或被加數未知的問題，可以透過二個數量的線段圖，看出 35-18=17 直接求解，殊不知中、下程度的學童要自動建立加減

互逆的心像有困難；若中、上程度的學童只從題意判斷，認為加法語意用減法來算、減法語意用加法來算，碰到 35−（ ）=18 的問題就會出錯，這些學童沒有真正理解或掌握二個數量間的關係。

學童對加減問題的進階型、比多比少問題，還有加減互逆關係有學習上的困難，教師若能考量學童學習的認知發展來設計教材脈絡，讓教學安排處處奠基，學童必能學習順暢，提升學習成效。

## 一步驟加減問題的教學設計

加法問題的併加、添加是基本型，而加數未知、被加數未知是進階型；減法問題的拿走是基本型，而減數未知、被減數未知是進階型。雖然這些問題都可用加法算式或減法算式來解題，但是進階型的題目語意對多數學童是不易掌握的，例如：加法題意 18+（ ）=35、（ ）+18=35 用減法算式求解，減法題意（ ）−35=18 用加法算式求解，而 35−（ ）=18 仍用減法算式求解。所以，基本型和進階型的問題不宜一起教學，最好基本型能學習穩固後，再教加數未知、減數未知的進階型問題，最後才教被加數未知、被減數未知的進階型問題。這樣循序漸進的教材設計和教學安排對學童的學習相當有助益，這類進階型的題目也會逐步接觸，減少學童在低年級就有產生害怕數學的機會。

筆者以十二年國教課程翰林版教材安排順序來說明，但只以每種題型出現的第一題來舉例：

**併加型**

**1** 車子下層坐了 3 個小朋友，上層坐了 2 個，一共有幾個小朋友？

先畫○表示小朋友的數量。

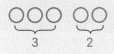

3 和 2 合起來是 5。

用加法算式記作：

$$3 + 2 = 5$$

一共有 ☐ 個小朋友

（出自一上第 6 單元 10 以內的加法 6-1 加法算式）

**添加型**

**3** 臺上原有 5 隻動物在表演，又上去 2 隻，合起來有幾隻動物在表演？

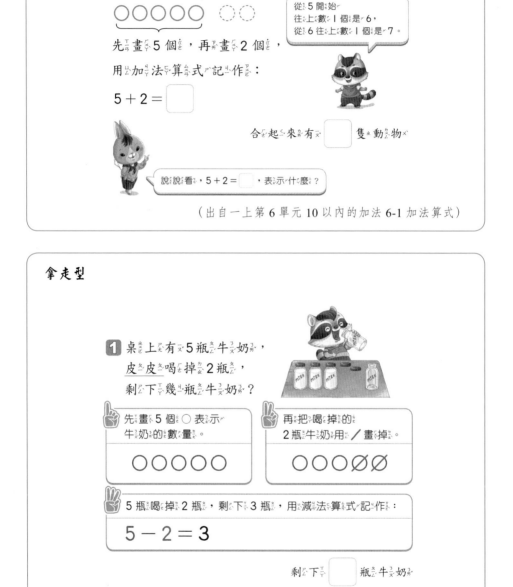

先畫5個，再畫2個，用加法算式記作：

$5 + 2 = \boxed{\phantom{0}}$

從5開始
往上數1個是6，
從6往上數1個是7。

合起來有 $\boxed{\phantom{0}}$ 隻動物

說說看，$5 + 2 = \boxed{\phantom{0}}$，表示什麼？

（出自一上第6單元10以內的加法 6-1 加法算式）

拿走型

❶ 桌上有5瓶牛奶，皮皮喝掉2瓶，剩下幾瓶牛奶？

先畫5個○表示牛奶的數量。

○○○○○

再把喝掉的2瓶牛奶用／畫掉。

○○○⊘⊘

5瓶喝掉2瓶，剩下3瓶，用減法算式記作：

$5 - 2 = 3$

剩下 $\boxed{\phantom{0}}$ 瓶牛奶

（出自一上第7單元10以內的減法 7-1 減法算式）

　　以上三例是基本型、以下四例是進階型，這些分布在一上、二上和二下的問題，都是新題型的第一題，也是很重要的教學題。有些教師認為基本型和進階型問題都是加法或減法的問題，進階型出現就是難題，殊不知這不利學童的概念理解，也不符合他們的認知發展。

---

**加數未知型**

**1** 師傅做了 15 個紅豆餅和一些奶油餅，合起來有 27 個。師傅做了幾個奶油餅？

先記錄問題，再算算看。

「15 個和幾個合起來是 27 個？」
問題記成：15＋（　　）＝27

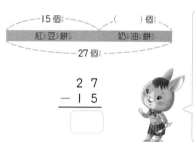

15 個紅豆餅加上一些奶油餅，有 27 個。

所以 27 個拿走 15 個紅豆餅，剩下的就是奶油餅。

15＋（　）＝27，
（　）裡的答案可以用 27－15 來算。

$$27 - 15$$

27－15＝12，所以知道 15＋（ 12 ）＝27，
（　）的答案是 12，表示有 12 個奶油餅。

答：□ 個

（出自二上第 4 單元加減應用 4-2 解題與驗算）

**減數未知型**

4 糕餅店原有 83 盒鳳梨酥，今天賣出一些後，剩下 35 盒。糕餅店賣出幾盒鳳梨酥？

丹丹的做法：

83－（　）＝35

$$\begin{array}{r} {}^{7}\,{}^{10}\\ \cancel{8}\;3 \\ -\;3\;5 \\ \hline 4\;8 \end{array}$$

83－（　）＝35，（　）裡的答案可以用 83－35 來算。

多多的做法：

83－35＝（　）

鳳梨酥分成賣出和剩下的，83 盒減掉剩下的就是賣出的。

答：☐盒

（出自二上第 4 單元加減應用 4-2 解題與驗算）

**被加數未知型**

3 電影院裡原有一些人，又進來 118 個人後，256 個位子就全部坐滿。電影院裡原來有幾個人？

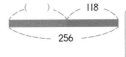

原來的人加上又進來 118 個人就坐滿了。
問題記成：
（　）＋118 ＝ 256
（　）可以用 256－118 來算。

256 減掉又進來的人，就是原來的人。
256－118 ＝（　）

答：☐個人

（出自二下第 3 單元加加減減 3-3 加減應用）

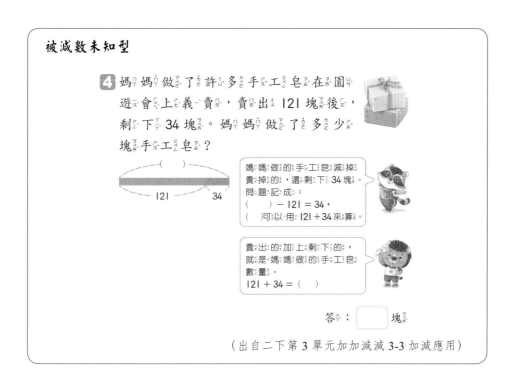

**被減數未知型**

4 媽媽做了許多手工皂在園遊會上義賣，賣出 121 塊後，剩下 34 塊。媽媽做了多少塊手工皂？

媽媽做的手工皂減掉賣掉的，還剩下 34 塊。問題記成：
( ) − 121 = 34，
( ) 可以用 121 + 34 來算。

賣出的加上剩下的，就是媽媽做的手工皂數量。
121 + 34 = ( )

答：☐ 塊

（出自二下第 3 單元加加減減 3-3 加減應用）

教師從這四例進階型問題的教學中，可藉由有空格的算式，以及線段圖，協助學童理解進階型問題的題意和解題；教學先從「直譯」，也就是按題意記錄問題開始，引導學童解題，一旦學童能察覺部分量和整體量的關係，他們就會運用加減互逆關係來解題，再碰到類似的新問題，有些學童會用「轉譯」，也就是融入解題想法的記錄問題，那也是可以的，只要學童能正確的解題！詳細的說明詳本節的第四小節「加減互逆與空格算式的教學設計」。

## 比較問題的教學設計

比多比少也是一種加減問題，「誰比誰多？多多少？」是基本型的基礎題；從學童角度來看基準量未知的進階題「小安有 17 元，小安比小平多 3 元，小平有幾元？」不少學童看到二堆物件在比，能理解「小安比小

平多 3 元」，但會用加法算式來記錄，因為未見拿走多的部分，怎麼會用減法算式 17−3=14 來記錄？所以，比較問題的教學，從開始就要和拿走型做聯絡，將一一對應的物件移開，製造拿走的情境，例如：

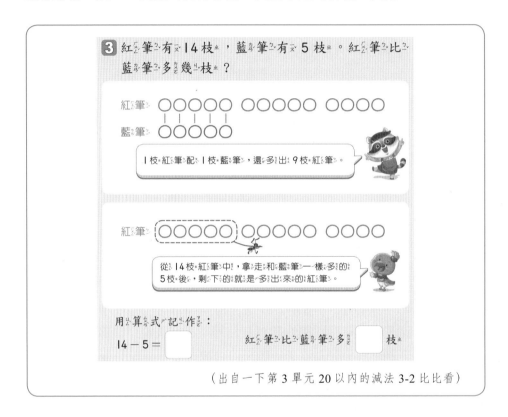

（出自一下第 3 單元 20 以內的減法 3-2 比比看）

　　此例中除了強調一一對應外，小螞蟻扮演了重要的拿走角色；教師要強化說明拿走或移走，讓學童感受到比多跟拿走型有關，會用減法算式解題。

　　至於「誰比誰少？少多少？」的基本型問題「小安有 17 元，小平有 14 元，小平比小安少幾元？」，學童列式就有些困難，因為它是用減法算式 17−14=3 來記錄，學童不易理解，怎麼會和「小安比小平多幾元？」的語意不同算式一樣？其實教學就藏在細節處，它必須先讓學童有「你比

我多、我比你少」、「你比我少 3 元、我比你多 3 元」、「小安比小平多 3 元、小平比小安少 3 元」等語意轉換的豐富經驗，教材中應有這樣的安排，例如：

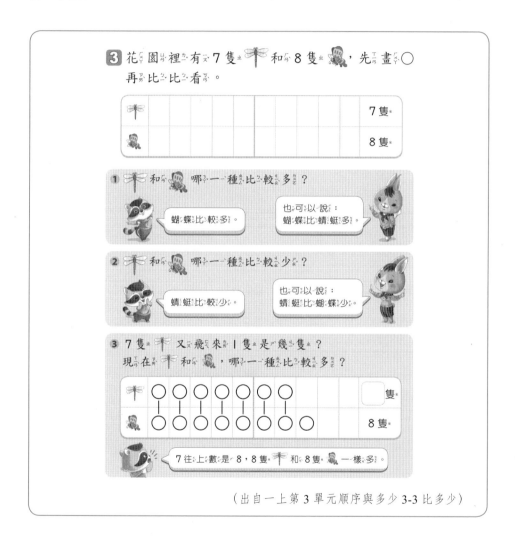

（出自一上第 3 單元順序與多少 3-3 比多少）

從此題中，學童學會蝴蝶比蜻蜓多，就是蜻蜓比蝴蝶少；這較早學習的語意轉換可協助學童理解比少型問題。當「小平比小安少幾元？」的比

少問題出現，學童利用語意轉換成「小安比小平多幾元？」的比多問題，這比少和比多就是同樣的問題，它們的解題記錄都是 17−14=3。

　　進階型的比多比少問題，有比較量和基準量未知兩種，它們也須安排在基本型之後的單元出現，才有利於學童學習這類較難的題型，例如：

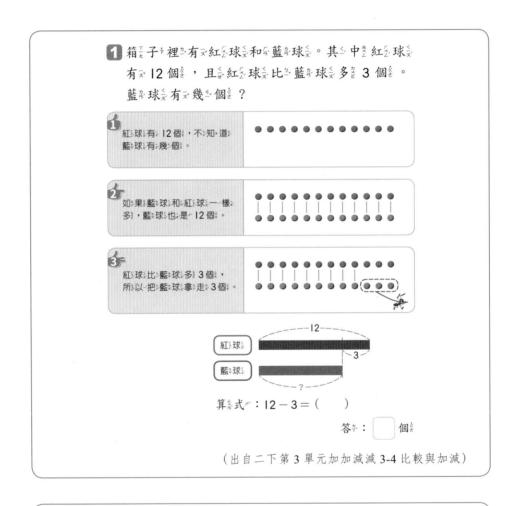

1 箱子裡有紅球和藍球。其中紅球有 12 個，且紅球比藍球多 3 個。藍球有幾個？

1 紅球有 12 個，不知道藍球有幾個。

2 如果藍球和紅球一樣多，藍球也是 12 個。

3 紅球比藍球多 3 個，所以把藍球拿走 3 個。

紅球 ┤12├
藍球 ┤3├
┤?├

算式：12−3＝（　　　）

答：▢ 個

（出自二下第 3 單元加加減減 3-4 比較與加減）

2 箱子裡有綠球和紫球。其中綠球有 8 個，且綠球比紫球少 5 個。紫球有幾個？

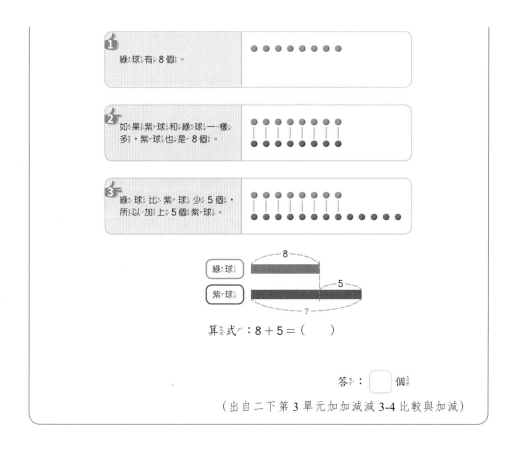

①
綠球有 8 個。

②
如果紫球和綠球一樣多，紫球也是 8 個。

③
綠球比紫球少 5 個，所以加上 5 個紫球。

綠球    8
紫球    5
?

算式：8 + 5 =（        ）

答：☐ 個

（出自二下第 3 單元加加減減 3-4 比較與加減）

　　這二例都是基準量未知的問題，除了用線段圖求解外，還可善用語意轉換，第一例變成「藍球比紅球少 3 個」、第二例變成「紫球比綠球多 5 個」，它們就可用比較量未知來求解。比較量未知的問題，例如：小安有 17 元，小平比小安多 3 元，或小平比小安少 3 元，問小平有幾元？因為是比較量小平的錢不知道，只要透過線段圖畫出小安和 3 元的兩量關係，就可知前者是 17+3=20、後者是 17−3=14。此處如果從記錄問題入手，前者是（　）−17=3、後者是（　）−17=−3；但國小學生不認識「少 3」是「−3」，而且用加減互逆來解題，前者是 3+17=（　）沒問題、後者是（−3）+17=（　）不會解，所以國小不會從此入手教學。

　　基準量未知的題目更複雜，例如：小安有 17 元，小安比小平多 3 元，

或小安比小平少 3 元，問小平有幾元？因為是基準量小平的錢不知道，若透過記錄問題，前者是 17－（ ）=3、後者是 17－（ ）=－3，但國小學生不認識「少 3」是「－3」，而且到國中才教負數和代數運算，此處代數運算的結果是 17－3=（ ）、17－（－3）=17+3=（ ），其中「－3」和「（ ）」須運算，所以國小不會從此入手教學。除了用線段圖教學外，也可經過語意轉換為：小平比小安少 3 元，或小平比小安多 3 元，再進行解題，前者就是 17－3=14、後者就是 17+3=20。當題目出現有「誰比誰少」的語意，通常將語意轉換為「誰比誰多」，學童比較容易理解，因為比少還要反向思考，比多是直覺思考。

### 加減互逆與空格算式的教學設計

談加減互逆關係，一定要在基本的九九加法算式、減法算式都學過且穩固後，才能談二者間的關係；並不是學過加法，就利用加減互逆來認識減法，所以剛學減法時，不要急著要求學童用加法驗算。教師可設計 a、b、c 三數間部分量和整體量 a+b=c、c－a=b、c－b=a 的關係式，例如：

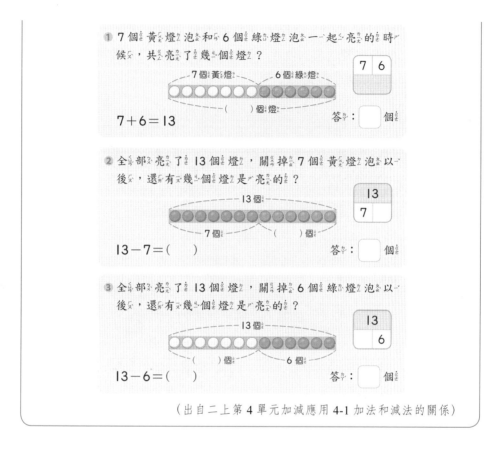

（出自二上第 4 單元加減應用 4-1 加法和減法的關係）

　　讓學童察覺加減互逆關係後，才能利用此性質進行驗算和進階型問題的解題。

　　進階型問題 18+（　）=35、（　）+18=35、35−（　）=18、（　）−35=18 中，除 35−（　）=18 外，都須用到加減互逆性質來解題。通常，成年人碰到改變量、起始量未知的加減問題，很容易想到列代數式，利用等量公理、移項法則來解題；但忽略了國小學童尚在利用數量直接運算的算術思維階段，無法以代數式中符號運算的代數思維來解題。使用 $x$ 列代數式，是學習代數運算的第一步，之後才能利用等量公理、移項法則來解題；同時還要將未知數 $x$，從未知定數提升到變數（含負數）概念，並且會用 $x$ 作運

算。在國小階段可學習用「空格（　）代表未知定數」來記錄問題，有了這空格算式（參考學習內容 N-2-3)，可以幫助學童從二個數量的線段圖，利用加減互逆性質來解題，例如：

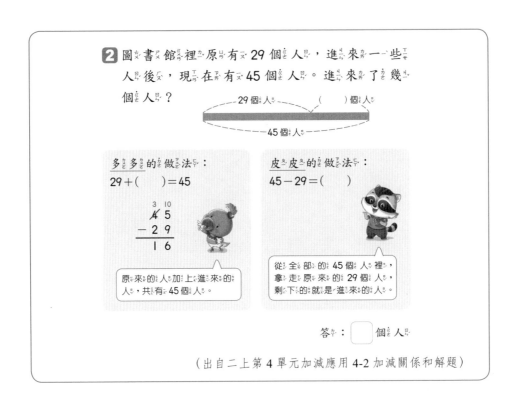

（出自二上第 4 單元加減應用 4-2 加減關係和解題）

　　部分教師認為一步驟的進階型問題沒有「記錄問題」的必要性，確實有些中、高程度的學童可以察覺加減互逆進行求解；但中、低成就的學童對加法題意用減法解題、減法題意用加法解題，通常感覺很難理解，找不到解題規律或準則。若學童沒有利用空格算式記錄一步驟進階問題的經驗，例如：18+（　）=35、（　）+18=35、35−（　）=18，教學就直接引導進入 35−18=17 的解題；到二步驟或多步驟問題時，要依題意寫出有 $x$ 的算式，例如：10+3（18+$x$）=100，大多數學童就會有困難，也不利國中階段的代數學習。

　　當學童會用空格算式依題意直接記錄問題（簡稱直譯）時，例如：（　）+18=35、18+（　）=35、35−（　）=18、（　）−35=18，觀察這些空格算式的部分量和整體量，並從線段圖來了解兩量關係，我們會發現前三式的答案都可由 35−18=17 求得、第四式的答案可由 18+35=53 求得；兩個算式間 17+18=35／18+17=35 和 35−18=17、53−35=18 和 18+35=53 就有加減互逆關係。所以，從有空格的算式來觀察部分和整體量關係，藉由加減互逆的算術運算來求解，這就是算術思維的國小階段解法；而且，有空格的算式是代數式的前置經驗，學習內容 N-2-3 就提及空格算式的必要性。

　　教師教加減問題的進階型時，可把「空格算式」當作學習鷹架或解題工具，引導學童利用空格算式依題意直接記錄問題，當學童理解了加減互逆關係後，就能用加或減來計算解題；在這之後，有些學童的記錄問題會融入解題想法（簡稱轉譯），例如：35−18=（　）、18+35=（　）。教師教學從直譯入手，有助學童未來的代數學習；評量時，學童只要正確求解，用直譯和轉譯記錄問題都可。成就較高的學生會脫離鷹架，直接用轉譯記錄新問題求解；而成就較低的學生看到新問題會從直譯入手，再進行求解。學習內容 N-2-3 也提到解題不要有固定格式，評量多點彈性，對學童學習是有幫助的。

# 整數乘除與乘除互逆單元認知發展教學設計

　　國小學童學習整數運算問題，在低年級以加減為主、中年級以乘除為主，其中十十乘法的概念從 91 年課綱開始，就提前至二年級學習；延續前節談加減與互逆，本節將以乘除與互逆為主軸，來談談國小算術思維階段的相關教學。

## 學童學習困難解析

　　學童在二年級時會遇到三個基本乘法的單元，通常是先學 2 和 5、4

和 8，再學 3 和 6、7 和 9，最後是 10、1 和 0 的乘法；乘法基本型是等組型問題，例如：一包糖果有 5 顆，3 包有幾顆？建立概念要從「幾的幾倍」開始，若教師三個單元都用相同的結構進行教學，學童沒有隨著認知發展來逐步進展學習，如何可讓乘法算式逐漸熟稔？學童若沒學就硬背、剛學就死背九九乘法表，那就會產生不理解的機械式反應，碰到 9×10 說九九乘法沒有，無法用乘法概念來推理，也就是先了解 9 的 10 倍比 9 的 9 倍多 1 個 9，所以先算 9×9=81，再算 81＋9=90。還有硬背、死背的結果，學童往往無法回答需要思考或推理的問題，例如：3 的 6 倍比 3 的 4 倍多（　）個 3。

　　二年級下學期有一除法概念的前置單元「分裝與平分」，該單元會用乘法算式來記錄分完後的結果，但結果會因分法不一樣而不同，例如：15 顆糖果，每 3 顆 1 包，可以分成幾包？操作的結果是 5 包，乘法算式是 3×5=15；15 顆糖果，分給 3 個人，每人分到幾顆？操作的結果是 5 顆，乘法算式是 5×3=15。有些教師認爲分裝題可用 3×（　）=15、平分題用（　）×3=15 指導學童用九九乘法解題，殊不知用這空格算式記錄問題，屬於乘法進階型問題，而且它不是根據題意直譯的，學童較難理解。這單元是除法的前置概念，這二個問題本身是除法語意，列出除法算式都是 15÷3=（5），分別代表 5 包或 5 顆；學童尚未學除法，也不認識乘除互逆，用非直譯的乘法空格算式表示，對學童造成很多不解和困惑，更不利未來除法概念的建立。

　　三年級正式學除法時，通常會從除數一位、商一位的整除除法開始，但學童往往受九九或十十乘法的影響，誤以爲分的問題，用乘法就能解決；到了除數一位、商一位的有餘除法，學習上就遭遇瓶頸。當碰到被除數二或三位、除數一位或二位的除法問題，學童要會估商外，還要運用除法直式上的多單位系統進行解題。因爲學童在開始學除法基本型時，等分除在算式記錄上比包含除複雜，等分除必須經過「一人一次分一顆」的語意轉換爲包含除，二者才能從總量連減的算式，形成除法算式的摘要記

錄。若學童沒有真正建立除法的概念，則可能誤以乘除互逆來學除法，導致他們在往後很多除法問題的解題上，不認識「÷」的意義，也不會估商，產生很多學習上的障礙。

乘法問題當然有進階型，一是改變量未知，例如：$3 \times (\quad) = 15$；一是起始量未知，例如：$(\quad) \times 3 = 15$。除法問題也有進階型，一是改變量未知，例如：$15 \div (\quad) = 3$；一是起始量未知，例如：$(\quad) \div 15 = 3$。這些空格算式的求解，學生的困難仍然在於乘法語意問題 $3 \times (\quad) = 15$、$(\quad) \times 3 = 15$，卻須用除法算式 $15 \div 3 = 5$ 求解；除法語意問題 $15 \div (\quad) = 3$ 是用 $15 \div 3 = 5$ 求解，但 $(\quad) \div 15 = 3$ 就要用 $3 \times 15 = 45$ 或 $15 \times 3 = 45$ 求解。乘除進階型跟加減進階型一樣，都比基本型還要複雜。學童面對這些問題，腦袋中必須有乘除互逆關係的概念或心像，才有可能成功解題；所以一定要先學會乘法基本型，再學會除法基本型，才能利用二者間乘除互逆的關係來解決進階型的問題。

學童對乘法的概念和熟練、分裝與平分問題、除法的概念和估商，還有乘除互逆關係有學習上的困難，教師若能考量學童學習的認知發展，來設計教材脈絡，讓教學安排處處奠基，學童必能減少學習困難，提升學習成效。

## 基本乘法概念逐步進展的教學設計

乘法基本型是等組型問題，讓學童從累加或連加的自發性解法中，察覺「有幾個幾」或「幾有幾個」，例如：一盒雞蛋有 6 顆，4 盒共有幾顆雞蛋？學童會以 $6+6=12\cdots\cdots18+6=24$，或 $6+6+6+6=24$ 來記錄解題過程和結果，接著教師會問：你們怎麼知道加了 4 盒？學童就會指著加法算式說：6 加了 4 次或「6 有 4 個」或「有 4 個 6」。教師須協助學童從學童解法的加法算式中，轉換成新語意、新格式的乘法算式；最不妥的教法就是宣告式的說：$6+6+6+6=24$ 可以寫成或記成 $6 \times 4 = 24$，即使有提到「6 有 4 個」等說法。教師應引導學童從「6 有 4 個」或「有 4 個 6」的說法中，

進行語意轉換為「6 的 4 倍」，這是要多多練習的，不是二、三例就能上手。當學童理解「6 有 4 個」或「有 4 個 6」，也可以說成「6 的 4 倍」時，教師引入乘法算式「6×4=24」就很容易了！乘法算式是以高階單位來累計，例如：6×4=24 的 6 是「1 個六」，不是 6 個一；而 6+6+6+6=24 的 6 是「6 個一」。所以，學童已從以一為單位的序列性合成運思、累進性合成運思，提升到以高階六為單位的測量運思。

乘法的三個單元，通常是先學 2 和 5、4 和 8，再學 3 和 6、7 和 9，最後是 10、1 和 0 的乘法。若每個單元都以「幾的幾倍」的概念為主來建立乘法算式當然可以；但若配合學童的認知發展，這三個單元可以有更好的教學設計。第一個乘法單元重在從題意情境中，由學童自發性解題的累加或連加算式中，經過「幾有幾個 / 有幾個幾」，以及「幾的幾倍」二階段的語意轉換引出乘法算式。但是第二個乘法單元，學童已有第一個單元從解題中寫出乘法算式（含答案）的經驗，新問題情境的結構都相似只有數字不同，教師可以引導學童用乘法記錄問題，他們是有能力將新情境用乘法算式來記錄，例如：6×4=（　），可是學童尚不知答案。教師可鼓勵學童用已會的加法或乘法算式：6+6+6+6=24，或 6+6=12、12+12=24，或 6×3=18、18+6=24，或 6×2=12、12+12=24 找出答案；這時，學童在找乘法算式答案的過程中，對乘法概念更能掌握，教師不必急著要學童一定要熟背九九或十十乘法來直接填答，學童會在多個解題中逐漸熟悉的。學童從第一個乘法單元解題中學會乘法概念和算式，現在已可提升至用乘法算式記錄問題並能求解；此時，教師也適合進階教學 6 的 4 倍是 24，再多 1 個 6，就是 6 的 5 倍是 30。這樣提升學習層次的教學設計，例如：

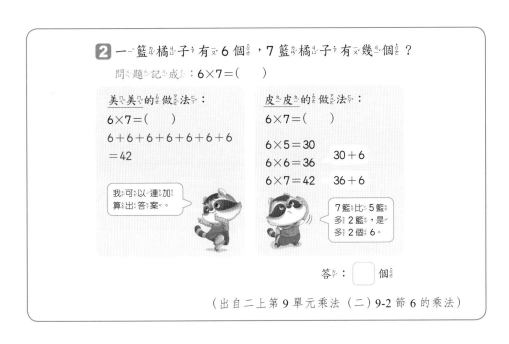

**❷** 一籃橘子有 6 個，7 籃橘子有幾個？

問題記成：6×7＝（　　）

美美的做法：
6×7＝（　　）
6＋6＋6＋6＋6＋6＋6
＝42

我可以連加算出答案。

皮皮的做法：
6×7＝（　　）

6×5＝30
6×6＝36　　　30＋6
6×7＝42　　　36＋6

7 籃比 5 籃多 2 籃，是多 2 個 6。

答：　　個

（出自二上第 9 單元乘法（二）9-2 節 6 的乘法）

　　第三個乘法單元是 10、1 和 0 的乘法，教師可以不重複前面二個單元的教法，配合 10 元硬幣有 1 個、2 個、……、9 個的堆疊，讓學童直接列出乘法算式，並觀察這些乘法表的規律，例如：

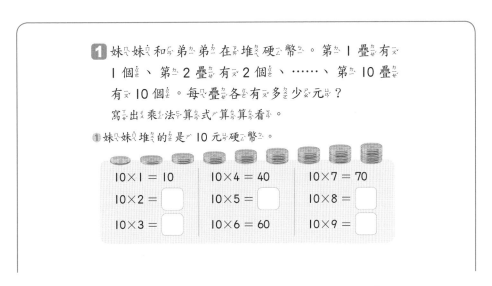

**❶** 妹妹和弟弟在堆硬幣。第 1 疊有 1 個、第 2 疊有 2 個、……、第 10 疊有 10 個。每疊各有多少元呢？

寫出乘法算式算算看。

❶ 妹妹堆的是 10 元硬幣。

10×1＝10　　　10×4＝40　　　10×7＝70
10×2＝□　　　10×5＝□　　　10×8＝□
10×3＝□　　　10×6＝60　　　10×9＝□

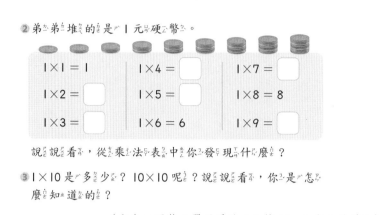

說說看，從乘法表中你發現什麼？

❸ 1×10是多少？10×10呢？說說看，你是怎麼知道的？

（出自二下第 5 單元乘法 5-1 節 10、1 和 0 的乘法）

接著，教師還可引導學童討論出 10×10=100。當然 1 的乘法，也可利用 1 元硬幣，仿照前述的過程來建立；至於 0 的乘法，沒有 0 的實體物，所以可透過投球遊戲的記分，來建立有 1 個、2 個……10 個 0 的乘法表。配合投球遊戲的進行，每次只會出現一個 0 的乘法算式，例如：

**2** 皮皮和美美玩丟球遊戲，投中得 10 分，沒投中得 0 分。請你寫出乘法算式幫忙算分數。

❶ 算出皮皮的得分。

| 皮皮 | 得分（分） | 10分 | 0分 |
|---|---|---|---|
| | 個數（個） | 8 | 1 |

沒投中就是 0 分。

(1) 投中得 10 分的有 8 個。
   10×8 = 80
(2) 沒投中得 0 分的有 1 個。
   0×1 = 0
(3) 皮皮共得到 ☐ 分。

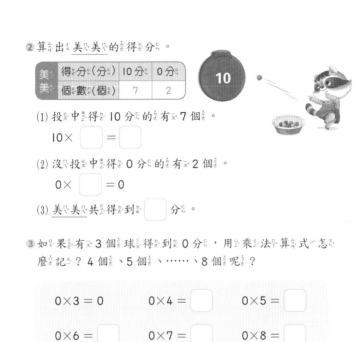

❷ 算出美美的得分。

| 美美 | 得分（分） | 10 分 | 0 分 |
|---|---|---|---|
| | 個數（個） | 7 | 2 |

(1) 投中得 10 分的有 7 個。

10 × ☐ = ☐

(2) 沒投中得 0 分的有 2 個。

0 × ☐ = 0

(3) 美美共得到 ☐ 分。

❸ 如果有 3 個球得到 0 分，用乘法算式怎麼記？4 個、5 個、……、8 個呢？

0×3 = 0          0×4 = ☐          0×5 = ☐

0×6 = ☐          0×7 = ☐          0×8 = ☐

觀察上面的乘法算式，說說看你發現什麼？

（出自二下第 5 單元乘法 5-1 節 10、1 和 0 的乘法）

　　乘法單元的學習一般都採分布學習，不會連著安排，教師教過後，通常會要求學童熟背，但學童要能自動化的反應須假以時日；所以不論是哪一單元的內容，學生在解題或評量時，親師暫不急著要求學童直接背出九九乘法的答案，允許孩子尚不熟記時，可以用自己有把握的方法找出答案。學童熟背九九乘法，透過遊戲、解題、乘法表等的活動安排才是有機的，而有思考的背誦絕對比口訣好。

## 除法前置概念分裝與平分的教學設計

　　除法概念尚未建立前，通常會以「分裝和平分」為其前置概念的單元。分裝是包含除的前置概念，例如：21 顆糖果，每 7 顆一包，分分看

有幾包？經過操作會看到有 3 包，也就是有 3 個 7；平分是等分除的前置概念，例如：21 顆糖果，平分給 7 個人，分分看每人有幾顆？經過操作會看到每人有 3 顆，也就是有 7 個 3。這二個問題的除法算式都是 21÷7=3，但從分完的結果來看，分裝結果是 7 有 3 個／有 3 個 7，可以記做 7×3=21；平分結果是 3 有 7 個／有 7 個 3，可以記做 3×7=21。

　　分裝的解題過程，學童很自發性的會將「21 顆糖果，每 7 顆一包，分分看有幾包？」記錄成：21-7=14、14-7=7、7-7=0，這些減法算式正是除法算式 21÷7=3 的原型，它們都是從總量 21 開始處理；若學童將解題過程寫成：7+7=14、14+7=21 或 7×1=7、7×2=14、7×3=21 當然可以，只是無法發展成除法算式，教師可引導他們用減法算式來記錄分裝的解題過程。當學童按題意分裝後，他們可看到分裝的結果是 7 有 3 個／有 3 個 7，可以記做 7×3=21；這 7×3=21 是分裝的結果，不是分裝的過程。此時，教師宜多強調連減的分裝過程，它才能銜接除法單元的「÷」概念教學；而分裝結果的乘法算式不宜過於強調，以免學童學除法時以為用乘法找答案就是「÷」的意義。教師千萬不要引導學童將分裝問題先記成 7×（　）=21，再用嘗試錯誤法找到答案，殊不知這是乘數未知的格式，正規應使用 21÷7=3 來解題；這分裝問題的語意，就和包含除的語意一致，例如：一盒糖果有 18 顆，每 6 顆裝一包，可以裝成幾包？完全沒有乘法問題的語意，若要求學童要記成 6×（　）=18，對不少學童是較難理解的，而且妨礙以後除法的學習。

　　平分的解題過程，學童操作不困難，但要記錄怎麼分就須透過語意轉換，因為 21 的單位是顆，7 的單位是人，這二者間不能相減。教師須引導學童將「平分給 7 人」，轉換語意為「一人一次分 1 顆」，7 人一次就分了 7 顆，他們就會記錄成：21-7=14、14-7=7、7-7=0，這些連減算式就是除法算式 21÷7=3 的原型。此時尚未教除法，只是除法的前置概念，教師要引導學童看到 7 出現 3 次，表示分了 3 次，因為「一人一次分 1 顆」，所以每人分到 3 顆。平分問題的解題過程是 21-7=14、14-7=7、

7-7=0，表示分了 3 次，每人拿到 3 顆；所以平分未經語意轉換的結果是 3 有 7 個 / 有 7 個 3，可以記做 3×7=21；這 3×7=21 是直接平分的結果，不是平分時配合語意轉換的過程。這時來看等分除問題「一盒糖果有 21 顆，要分給 7 位小朋友，每人可以分幾顆？」它的除法算式是 21÷7=3，但答案 3 就是每人有 3 顆，不同於包含除 21÷7=3 的 3 是裝成 3 包。

## 除法概念建立與估商的教學設計

　　三年級首教除法時，通常會從整除入手，問題情境則是先包含除，例如：有 24 顆糖果，每 8 顆 1 包，可以分成幾包？從連減算式：24-8=16、16-8=8、8-8=0 中，引入摘要記錄 24÷8=3；若學童過度受到分裝結果 8×3=24 影響，誤以為用「8 的幾倍」找到 24÷8=（　）的答案就是除法，這將非常不利於學童了解「÷」的意義。包含除的「÷」代表分裝過程，它是要找除式 24÷8=（　）中有幾個 8？而分裝結果的乘式 8×3=24，它只是幫助學童找到「有幾個 8」的答案，24÷8=3 可以裝成 3 包，有 3 個 8 或 8 有 3 個。若學童未學好除法算式中「÷」的概念，只重在用九九或十十乘法找答案，當除數一位有餘數或除數二位的除法問題出現時，學童的除法概念不足，解題就會更加困難！

　　接著教等分除，例如：有 24 顆糖果，平分給 8 個人，每人可以分到幾顆？通常等分除從操作中解題不難，但學童要如何認識「÷」的概念？他們須從總量去分的連減算式中，引入平分的摘要記錄「除式」；平分的過程必須做「1 人一次分 1 顆」的語意轉換，讓「平分給 8 個人」轉為包含除語意「一次分掉了 8 顆」，產生以「顆」來連減的算式 24-8=16、16-8=8、8-8=0，進而引出除式 24÷8=3，3 代表分了 3 次，就是每人分到 3 顆。除式 24÷8=（　）在平分過程中，想要知道有幾個 8？24÷8=3 表示一人分到 3 顆；若按情境實際平分的結果是有 8 個 3 或 3 有 8 個，用乘式 3×8=24 來表示，若從等分除語意轉成包含除來看，就可用 8×3=24 來表示。但是，很多學童在「分裝與平分」單元看到平分問題有乘法算式

3×8=24 或 8×3=24，首教除法又是整除，誤以為除法算式 24÷8=3 就是從乘法來互逆；殊不知等分除的乘除互逆關係是在 24÷8=3 和 3×8=24/8×3=24、包含除的乘除互逆關係是 24÷8=3 和 8×3=24 都學過後才能建立。誤用乘除互逆關係來學除法的兒童，他們無法真正理解「÷」的概念。筆者提供等分除問題，建立除號概念的首二題，有關認知發展的教材設計參考，例如：

**1** 有 12 顆彈珠要平分給 4 個學生，每個學生最多可以分到幾顆彈珠？剩下幾顆？

把做法用減法算式記下來。

每人一次分 1 顆，一次分掉 4 顆彈珠。

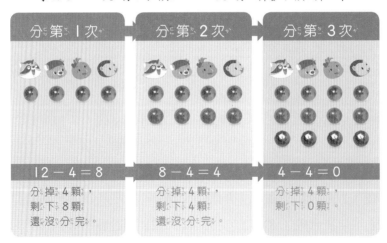

| 分第 1 次 | 分第 2 次 | 分第 3 次 |
|---|---|---|
| 12－4＝8 | 8－4＝4 | 4－4＝0 |
| 分掉 4 顆，剩下 8 顆還沒分完。 | 分掉 4 顆，剩下 4 顆還沒分完。 | 分掉 4 顆，剩下 0 顆。 |

一次每人分 1 顆，一次分掉 4 顆。

分 1 次每人得到 1 顆，分 2 次每人得到 2 顆，分 3 次每人得到 <u>3</u> 顆。

　　答：每人分到 <u>3</u> 顆，剩下 <u>0</u> 顆

（出自三上第 6 單元除法 6-2 平分與除）

**2** 有21張貼紙，要平分給7個人，每個人最多分到幾張貼紙？剩下幾張？ 配合附件23

把做法用減法算式記下來：

$$21 - 7^① = 14$$
$$14 - 7^② = 7$$
$$7 - 7^③ = 0$$

一次每人分1張，一次分掉7張。

分了3次，每人分到 __3__ 張，剛好分完，沒有剩下。

答：每人分到 __3__ 張，剩下 __0__ 張

（出自三上第6單元除法6-2平分與除）

　　教師須協助學童從轉換語意的連減算式中，看到總量有多少？一次分多少？共分了幾次？做了幾題後，才可形成摘要記錄的除法算式。

　　首教除法不要只做整除的問題，最佳的「除數一位」教學是從有餘的問題入手，例如：$23 \div 7 = (\quad) \cdots (\quad)$，利用除法直式中先乘再減的思維，先試試 $7 \times 2 = 14$、$23 - 14 = 9$，再修正成 $7 \times 3 = 21$、$23 - 21 = 2$，培養學生估商的能力。估商就是要引導在調整「除數的幾倍」的過程中找到正確的商，教師應避免學童誤以為除法的求答只要背九九或十十乘法就好。除數一位的教材，例如：

**2** 把45顆草莓平分給6人，每人最多可分得幾顆？還剩下幾顆？

先用除法算式記錄問題，
再用直式算算看。

$$45 \div 6 = (\quad) \cdots (\quad)$$

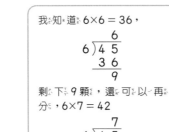

我知道 6×6 = 36，

```
      6
  6)4 5
    3 6
      9
```

剩下 9 顆，還可以再分，6×7 = 42

```
      7
  6)4 5
    4 2
      3
```

剩下 3 顆，不能再分。

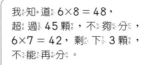

我知道 6×8 = 48，超過 45 顆，不夠分，6×7 = 42，剩下 3 顆，不能再分。

```
      7
  6)4 5
    4 2
      3
```

答：＿＿＿＿＿＿＿＿＿＿＿

（出自三上第 6 單元除法 6-3 法除與直式）

學童學會調整「除數的幾倍」來找商，這估商過程不一定明顯，但對學童不能一步到位時很重要。學童若無除數一位的估商經驗，到了「除數二位」問題，例如：84÷23=（　）…（　），學童要透過估商來解題就非常困難；學童的解題要一次到位幾乎不可能，可以先將 23 想成 20，在除法直式上很容易看出 20 的 4 倍是 80，先試試看 23×4=92 超過 84 了，再修正為 23×3=69、84-69=15，就知道 84÷23=3…15。除號二位（非整 10）的首題，有關認知發展的教材設計，例如：

❷ 92÷31=(　　　　)…(　　　　)

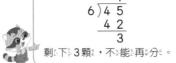

```
      2
      3
  3 1)9 2
```

除數 31 很接近 30，可以用 30 來估商。
商估 3，31×3=93，太大。
商修改為 2……

（出自四上第 4 單元除法 4-2 法以二位數）

以上提供教師教學參考。

所以，除法概念建立應從總量連減來引入，當學童了解「÷」的意義，會列除法算式時，就可用「除數的幾倍」來估商；在估商的時候，只有整除（被除數除以除數）會和除數的倍數（商）有乘除互逆關係。因為除法原理 a÷b=c⋯d 且 $0 \leqq d < b$，以及 a÷b=$\frac{a}{b}$，前者就是一般的除法算式；所以，不論整除或有餘的除法問題，最好能認識標準除式記錄，例如：28÷7=（ ）⋯（ ）、32÷7=（ ）⋯（ ），餘 0 就是整除／沒有剩下。但很多親師會認為整除時何必那麼麻煩要寫「餘 0」？那是因為在列除法算式，尚未求解前，學童不能從題意判斷是否有餘；教師不宜要求他們列式時，尚未求解就要判斷除式的結果是整除或是有餘。

## 整數四則併式與列式單元認知發展教學設計

四則運算從加、減、乘、除的一步驟問題開始，就會進入不併式二步驟問題的解題；接著學童到四年級透過先算的加括號，學習二步驟問題解題記錄的併式，進而到二步驟問題的列式和求解，到五年級學習三步驟問題的列式和求解。因為四則運算有三個重要的規則：(1) 有括號的先算；(2) 先乘除後加減；(3) 由左算到右，學童在併式後，還要考慮運算規則，將不必要的括號去除，最後透過逐次減項求解。這些學習內容對學童而言相當複雜，看到題目要先能掌握題意，才能知道先算什麼、再算什麼、再算⋯⋯之後，還要寫成一個符合運算規則的併式，再透過運算規則進行逐次減項求解。很多學童在掌握題意、列出算式、併成一式、併式符合運算規則、求解考量運算規則中，任何一個環節不理解，都有可能產生學習上的差錯。

### 學童學習困難解析

二步驟問題對學習加、減、乘、除一步驟問題未到位的兒童產生更大

的複雜度，未到位就是沒有習慣好好閱讀題意，只用關鍵字解題，例如：共就是「＋」、剩下就是「－」、分就是「÷」⋯⋯，或學到一些解題的撇步，例如：減就是大減小、二個數單位不一樣又問共就是「×」、除是大除小⋯⋯。學童能閱讀題目、掌握重要資訊，並了解「＋、－、×、÷」運算的意義，才是解文字題或應用題的正確途徑。還有一些學童，今天教減法練習或作業就用減法做、乘法問題都是用題目中第一個數字乘以第二個數字來解題⋯⋯，慣性解題將文字題或應用題當作計算題來做；因為一步驟問題通常只有二個數字，而且題目多為順情境布題，意即題目出現的數字跟列出的算式一致，學童用關鍵字、撇步、慣性來解題，成功的機會非常大，不覺得自己沒學會；到了定期評量，若運算的題型混在一起，則可能出現見真章的機會，但大都以為是「不小心」做錯了。所以，學童在一步驟問題能養成好好讀題、了解題意，會有助於二步、三步驟問題的解題，更有助於解題結果的併式。

學童碰到二步驟問題，只要能了解題意、掌握資訊，通常都能列成二個一步驟的算式來解題；但到四年級要將解題結果併成一個算式時，很多學童無法掌握併式的關聯性，他們不能理解怎麼併式；如果教師以為宣告「先算的加括號」，學童就會併式，這是資優生才有可能自行察覺的。併式教學須有動態的替換歷程，例如：先算 5+3=8（個），再算 12×8=96（元），教師要引導學童察覺 8 為何可用 5+3 取代外，還要有將 8 直接替換為 5+3 的動作，因 5+3 要先算，加括號才會變成一個算式 12×（5+3）=96。當學童學會將二步驟問題的解題結果，用先算的加括號併成一個算式後，開始引入四則運算規則教學時，學童就要學會用這些規則，將這一個算式中「先算的加括號」的括號，須判斷是否要刪除？通常二步驟問題的括號刪留，其判斷只會用到一個運算規則，以解題結果的併式來看，例如：12×（5+3）=96 的（5+3）要先算括號不能刪除、（12×5）+18=78 是先乘後加可記成 12×5+18=78、（6×8）÷4=12 是從左算到右可記成 6×8÷4=12 等；若以記錄問題的列式來看，例如：100–

（15×4）=（ ）是先乘後減可記成 100-15×4=（ ）、（60-15）×2=（ ）的（60-15）要先算括號不能刪除、（50+30）-15=（ ）是從左算到右可記成 50+30-15=（ ）等，若學童只是熟記三個運算規則，不能掌握題目在算什麼，則對括號刪留的判斷仍是有困擾的。

　　進入三步驟問題的列式和求解就更複雜了！通常學童三步驟解題結果的併式，可從題目中有二步驟的部分再加一步驟來併式，例如：25+12×3=61、100-61=39，61 用 25+12×3 取代，可以併成 100-（25+12×3）=39，括號部分要先算不能刪除；有時二步驟部分就有括號，例如：12×（5+3）=96、120-96=24，96 可用 12×（5+3）取代，因國小不宜教中括號，併式符合先乘除後加減，所以可先寫成 120-（12×（5+3））=24，因為是先乘後減，所以可省略外層的括號記成 120-12×（5+3）=24，但學童須把（5+3）當作一個數來處理。這二種題型都需要學童能從題意中看出二步驟哪部分是可以先算的，學童併式時還要能同步融入運算規則，他們才有可能把解題過程和結果寫成一個算式。還有一種併式的先、後順序不很明確的問題，例如：12×3=36、16×2=32、36+32=68，同時 36 可用 12×3 取代、32 可用 16×2 取代，若學童能熟知先乘除後加減的運算規則，就可直接併成 12×3+16×2=68。但不是所有學童都能一次到位，教學為確保學童會併式，可以先記成（12×3）+（16×2）=68，再按運算規則去括號。這些三步驟問題併式的林林總總分析，讓親師體會到學童學習的複雜度，除了解題順序和併式要看題意，通常還會用到二次的運算規則來處理括號的刪或留。通常在國小階段，不處理三步驟問題併式或列式會有二層括號的，例如：360÷（（8+7）×4）=6 的併式，首先（8+7）要先算不能去括號，接著（（8+7）×4）也要先算不能去括號。學童進入列式尚須從記錄題目列出一個算式，例如：100-（25+12×3）=（ ）、120-12×（5+3）=（ ）、12×3+16×2=（ ），列式後還須進入解題學習逐步減項求解。

　　學童對二步驟問題解題、二步驟問題併式、二步驟和三步驟問題列式

和求解，確實有學習上的難點；教師若能考量學童學習的認知發展來設計教材脈絡，讓教學安排處處奠基，學童必能減少學習困難，提升學習成效。

## 二步驟問題從不併式到併式的教學設計

　　學童面對二步驟問題，必須能從了解題意、掌握資訊來決定先算什麼再算什麼，不能僅用關鍵字、撇步或慣性去解題。二步驟問題可以分成加與減、乘與加減、除與加減、乘與除四種類型，不併式的教學跟著學童學完加減法、乘法、除法的進程，會從二年級到三年級，此時不會立即教併式的教學，學童需要分布（非集中）學習和練習。到四年級上學期的二步驟併式教學時，教師通常會宣告「先算的加括號」，很多學童會說口訣，但還是不會併式。不併式的教學是以「理解題意」為要，而併式的教學是以「誰取代誰」為要。

　　先來談談加與減類型的二步驟問題，例 1：小明拿了 15 粒葡萄當飯後水果，吃了 8 粒後，哥哥又給他 2 粒，小明現在還有幾粒葡萄？例 2：圖書館有 15 位小朋友在看書，其中有 8 位男生，後來又進來了 2 位女生，現在圖書館有幾位女生？這二例都可以先算 15−8=7，再算 7+2=9，但例 1 從語意上很明顯看出事件發生的先後順序，例 2 對學童而言就困難不少。例 2 的先算部分是隱藏在進階題型 8+（　）=15 中，學童要了解「其中」有部分─整體的關係，才會用 15−8=7 來算。這二例，若有學童先算 15+2=17，再算 17−8=9 也是可以，他們想先知道總量，再算剩下或其餘的量。尚未併式的二步驟教學，不論學童先算什麼再算什麼，教師不要只關心列式和答案，應該要讓學童多從「理解題意」中，來說明算式和題意的關聯及其代表的意義。到了二步驟併式教學，學童可從舊經驗列出：先算 15−8=7，再算 7+2=9，教師確認學童都能懂算式代表的意義後，接著要問學童題目中沒有 7，7 代表什麼？7 怎麼來的？然後，教師可以用算式 15−8 取代 7，並配合「先算的加括號」，所以 7+2=9 就會變成（15−8）+2=9。教師教併式以「誰取代誰」為要外，還須讓學童在併式記錄上，

能配合題意說明先算什麼再算什麼。因此，二步驟問題併式的首題教學活動很重要，能提升學童解題層次的認知發展設計，例如：

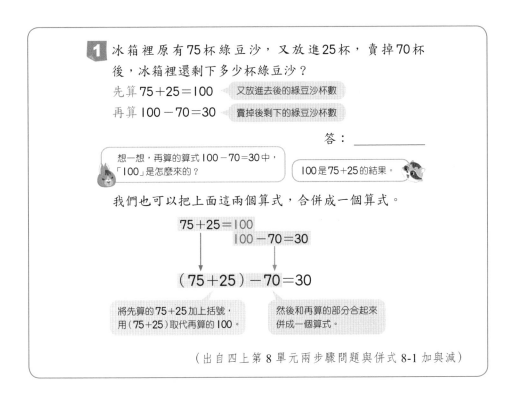

**1** 冰箱裡原有75杯綠豆沙，又放進25杯，賣掉70杯後，冰箱裡還剩下多少杯綠豆沙？

先算 75＋25＝100　── 又放進去後的綠豆沙杯數

再算 100－70＝30　── 賣掉後剩下的綠豆沙杯數

答：＿＿＿＿＿＿

想一想，再算的算式100－70＝30中，「100」是怎麼來的？

100是75＋25的結果。

我們也可以把上面這兩個算式，合併成一個算式。

75＋25＝100

100－70＝30

（75＋25）－70＝30

將先算的75＋25加上括號，用（75＋25）取代再算的100。

然後和再算的部分合起來併成一個算式。

（出自四上第 8 單元兩步驟問題與併式 8-1 加與減）

　　隨著一些題目的教學與練習，學童應可掌握這些連加、連減、加減混合二步驟問題的併式學習。

　　再以加減與乘類型來談談這個部分的教學，它們的題型相較加與減類型複雜很多，併式前的解題與併式的舉例，整體可分成二大類，例1至例3是先算乘再算加／減，例1：先算 12×6=72，再算 72+8=80，併式是 (12×6)+8=80；例2：先算 12×6=72，再算 72-8=64，併式是 (12×6)-8=64；例3：先算 12×6=72，再算 100-72=28，併式是 100-(12×6)=28。例4至例5是先算加／減再算乘，例4：先算 6+4=10，再算 10×5=50，併式是 (6+4)×5=50；例5：先算 10-4=6，再算 5×6=30，併式是

5×（10-4）=30。至於加減與除類型不外也是先算除再算加／減，或是先算加／減再算除的二大類；乘和除類型通常有連乘、連除、乘除混合的題型。這些加減與乘、加減與除、乘與除的二步驟問題教學，未涉及併式時必須同加與減類型的教學一樣，從「理解題意」入手，透過重要訊息來決定先算什麼再算什麼；涉及併式的教學，還是須從先算、後算的算式中，找到那個題目中沒有的數，這數也是先算的結果，會在後算的算式中出現；透過「誰取代誰」的動態歷程，以及「先算的加括號」就能完成併式。筆者再提供加減與乘除、乘與除類型的二步驟問題首題，有關併式部分的認知發展的教材設計，例如：

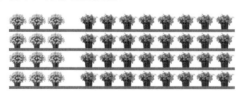

**1** 花架上放了許多盆栽，看圖算算看，再合併成一個算式。

**❶** 花架上共有幾盆盆栽？

先算 6×3=18　🐰 的數量

再算 18+4=22　再加上 ● 的數量

再算的算式中，18是6×3的結果，我們可以用6×3加上括號來表示18。🐰

合併成一個算式：

（6×3）+4=22

答：＿＿＿＿

**❷** 花架上共有幾盆盆栽？

一排有幾盆？
總共有幾排？🐰

先算 3+8=11　1排的盆數

再算 11×4=44　4排的盆數

先算的部分加上括號，用（3+8）表示再算算式中的11。🐰

合併成一個算式：

（3+8）×4=44

答：＿＿＿＿

（出自四上第8單元兩步驟問題與併式 8-2 乘除與加減）

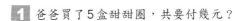

**1** 爸爸買了 5 盒甜甜圈，共要付幾元？

每個 45 元

 每個甜甜圈都是 45 元，我先算買 1 盒要多少元。

先算 $45 \times 6 = 270$ ◀ 買 1 盒的錢
再算 $270 \times 5 = 1350$ ◀ 買 5 盒的錢

答：＿＿＿＿＿＿

合併成一個算式：
$(45 \times 6) \times 5 = 1350$

算式 $270 \times 5$ 中，270 是 $45 \times 6$ 的結果。將 $45 \times 6$ 加上括號來表示先算部分，和再算的部分合起來。

 每盒有 6 個甜甜圈，我先算 5 盒共有幾個。

先算 $6 \times 5 = 30$ ◀ 5 盒有 30 個甜甜圈
再算 $45 \times 30 = 1350$ ◀ 買 30 個甜甜圈的價錢

答：＿＿＿＿＿＿

合併成一個算式：
$45 \times (6 \times 5) = 1350$

算式 $45 \times 30$ 中，30 是 $6 \times 5$ 的結果。所以將 $6 \times 5$ 加上括號來表示 30。

說說看，<u>皮皮</u>和<u>小甲</u>的算式中，括號的部分表示什麼？

（出自四上第 8 單元兩步驟問題與併式 8-3 乘與除）

　　教材設計有「誰取代誰」的表徵，但教學可以更動態呈現「替換」的歷程，再加上教師引導學童看到題意和算式中每個數的關聯，這可幫助學童減少併式學習的困難。

## 二步驟問題與運算規則的教學設計

　　學童在四年級上學期有了二步驟問題先解題再併式的經驗，並經過一段時間的熟練後，他們到四年級下學期就要再碰二步驟問題，但須直接列

出一個算式，並且能逐步減項求解。這個列成一個算式的部分，學童心中須有解題計畫，先算什麼再算什麼，才能將先算的加括號再併入後算的列式來記錄問題；若學童此時不須認識三個運算規則，利用括號列成一個算式的狀況尚可；但教師必須引入四則運算的三個重要規則：(1) 有括號的先算；(2) 先乘除後加減；(3) 由左算到右，學童未來才有能力處理三步驟和多步驟問題。因此，學童按題意列出一個算式後，還要考慮運算規則，將「先算的加括號」中不必要的括號去除。二步驟的加與減、加減與乘、加減與除、乘與除類型各舉二例，例1：（15-8)+2=（ ）；例2：15-(8+2)=（ ）；例3：100-(12×6)=（ ）；例4：（100-88)×6=（ ）；例5：8+(24÷6)=（ ）；例6：(8+24)÷6=（ ）；例7：(72÷8)×3=（ ）；例8：72÷(8×3)=（ ）。這八例中先算的部分，例1的 (15-8) 是由左算到右、例3的 (12×6) 是先乘除再加減、例5的 (24÷6) 也是先乘除再加減、例7的 (72÷8) 也是由左算到右，所以這四例可去除括號；但例2、例4、例6、例8都是有括號的須先算，所以不能去除括號。

有括號的二步驟併式的求解，不但跟題意的先算和後算有關，也跟三個運算規則有關，筆者利用前面的例子來說明逐次減項，例8：72÷(8×3)=72÷24=3 題目的括號不能去除，求解是有括號的先算；例3：100-12×6=100-72=28 題目的括號可以去除，求解就是先乘除再加減；例1：15-8+2=7+2=9 題目的括號可以去除，求解就是由左算到右。教學或教材設計會同時處理列成一個算式和逐次減項求解，例如：

**1** 一瓶乳酸飲料原價12元，用折價券每瓶可減價2元，媽媽用折價券買了5瓶，一共要付多少元？

先算　12－2＝10　　減價後的價錢。

再算　10×5＝50　　買5瓶的價錢。

合併成一個算式：(12－2)×5＝50

先算的部分
加上括號。

我們也可以用合併的一個算式來記錄問題，然後再一步步算出答案，並把做法用等號接著記下來。

減價後的價錢　買5瓶

（ 12 － 2 ）× 5 ·········· 合併算式記錄問題

＝10×5 ········ 先算括號中的 12－2 得到 10，還沒算的也要記下來

＝50 ·········· 再算 10×5 得到 50　　　　　　　　答：50 元

想想看，（12－2)×5、10×5和50，都表示相同的結果嗎？

（出自四下第 2 單元四則運算 2-1 列式與逐步求解）

---

**1** 皮皮的撲滿裡原有25元，他從今天起，每天存入5元，一個星期後，皮皮的撲滿裡有多少元？

用一個算式記錄問題，再逐步求出答案。

25＋(5×7)

＝25＋35

＝

什麼部分先算？

答：＿＿＿＿＿

加減和乘除混合計算時，如果沒有括號，要先算乘除的部分，再算加減的部分，稱作先乘除後加減。

25＋(5×7)和25＋5×7都是先算乘的部分，所以5×7可以不用加括號。

（出自四下第 2 單元四則運算 2-2 先乘除後加減）

---

　　這樣每次求解只算一項（＋、－、×、÷ 之一），且等號的左、右算式須成立，再透過「逐次減項」就會算出答案。有學童會將 15-8+2=( ) 寫成 15-8+2=7=9，這就是左、右算式沒有相等，教師可特別說明「等號」的意義。

## 三步驟問題列式與求解的教學設計

　　學童學過二步驟問題的列式與求解，新學三步驟問題不如成人想的容易，因為題目中不一定有明顯運算順序的語意，例如：小明到文具店，買了 12 元的原子筆 3 枝，16 元的萬用筆 2 枝，他要付給老闆多少元？這題學童要了解題意、掌握資訊外，還要心中有解題策略或計畫；學童須看出要付的錢包含原子筆和萬用筆，所以要分別先算出原子筆 12×3=36（元）、萬用筆 16×2=32（元）後，再把二者加起來 36+32=68（元）就是要付的錢。學童針對前述的問題大都能列成三個算式解題，但要列成一個算式難度就升高，這時 36+32=68 中，36 可用 12×3 取代、32 可用 16×2 取代，若學童能掌握本題是乘的要先算，並熟知先乘除後加減的運算規則，就可直接列出算式 12×3+16×2=（　）；但大部分學童無法一次到位，教師可引導學童以先算的有二部分，可以分別都加括號來併式（12×3）+（16×2）=（　），因本題是乘的部分要先算，再按先乘除後加減的運算規則去除括號，列出的一個算式就是 12×3+16×2=（　）。學童學習三步驟列式，考量其認知發展的教材或教學設計，例如：

---

 併式記錄逐步求解有括號三步驟問題

2　一盒蛋黃酥有8顆，店裡原來有250盒，賣掉180盒，架上還有24顆散裝的蛋黃酥，現在店裡還有多少顆蛋黃酥？
把問題用一個算式記下來，再逐步求解。

 想想看，蛋黃酥分為盒裝和哪一種？
盒裝的蛋黃酥賣掉180盒後，還剩幾盒？還有多少散裝的？

$$\underset{\text{一盒的數量　剩下的盒數}}{8 \times \overset{\text{盒裝的}}{(250-180)} + \overset{\text{散裝的}}{24}}$$

 說說看，算式中的（250－180）可以去掉括號嗎？

（250－180）表示剩下的盒數，要先算，所以括號要保留，表示先算的部分。

想一想，先算什麼？再算什麼？最後算什麼？

$8 \times (250 - 180) + 24$

$= 8 \times$ _____ $+ 24$ ⸱⸱⸱⸱⸱先算括號的部分，沒算到的部分要保留

$=$ _____ $+ 24$ ⸱⸱⸱⸱⸱再算乘號的部分，還沒算到的部分保留

$=$ _____ ⸱⸱⸱⸱⸱最後算由左而右的部分

（出自五上第 4 單元整數四則運算 4-1 三步驟的列式與逐步求解）

　　若學童剛學時能正確解題，但出現多餘的括號，教師可給學童多一點學習空間不要算他錯，讓他們假以時日熟稔即可；能列出三步驟或多步驟的一個算式，有助於國中階段的代數式的學習。

　　所有的三步驟問題都可列成三個算式後再併式，例如：小美帶 100 元去買文具，她買了 25 元的大橡皮擦和 12 元的原子筆 3 枝，小美還剩下多少元？解題的三個算式是 $12 \times 3 = 36$（元）、$25 + 36 = 61$（元）、$100 - 61 = 39$（元）；學童心中若有此解題規劃不必真的解出，只要了解題中資訊的關係，記錄問題的併式就可先將 61 用 $25 + 36$ 取代，併成 $100 - (25 + 36) =$（　），其中 $(25 + 36)$ 的括號要先算不能刪去，再將 36 用 $12 \times 3$ 取代，併成 $100 - (25 + 12 \times 3) =$（　），因為先乘除後加減 $12 \times 3$ 不須括號；這樣併式的過程都須考量運算規則，對學童而言是有複雜度的。若教師請學童先算小美買文具花了多少元？學童已有二步驟列式的經驗，他們可以寫出 $25 + 12 \times 3 =$（　），再按題意加一步驟就是 $100 - (25 + 12 \times 3) =$（　），對學童而言比從三個算式再列成一個算式簡單。所以可把此類型題目當作進入三步驟問題的首題，例如：

**1** 併式記錄逐步求解可去括號三步驟問題

<u>皮皮</u>買了 2 個中飯糰和 1 杯豆漿，<u>美美</u>買了
1 個大飯糰，兩人一共要付多少元？
把問題用一個算式記下來，再逐步求解。

| 豆漿 | 飯糰 | | |
|---|---|---|---|
| | 小 | 中 | 大 |
| 10 元 | 30 元 | 35 元 | 40 元 |

 想想看，皮皮和美美共買了哪些東西？
要怎麼列出一個算式來表示這些東西的錢？

　　　　　　　皮皮買的　　美美買的
　　　　　（ 35 × 2 ＋ 10 ）＋ 40
　　　　　　　⋮　　　⋮　　　⋮
　　　　　　　中飯糰　豆漿　大飯糰

括號部分算的是買哪些東西的錢？算式中的哪一部分是算買中飯糰的錢？

35 × 2 ＋ 10 ＋ 40

＝ 70 ＋ 10 ＋ 40 ┈┈┈┈ 先算 2 個中飯糰的錢

＝ 80 ＋ 40 ┈┈┈┈┈┈ 再算 2 個中飯糰加上豆漿的錢

＝ ＿＿＿＿

> 運算規則約定「先乘除後加減」，要先算 35 × 2，再由左而右算 ＋ 10 的部分，所以（35 × 2 ＋ 10）可以不用加括號。

（出自五上第 4 單元整數四則運算 4-1 三步驟的列式與逐步求解）

　　當碰到三步驟問題，其中的二步驟部分就有括號，例如：大華帶 120 元去文具店買原子筆，他買了 5 枝藍色、3 枝紅色，原子筆的價錢都是 12 元，大華還剩多少元？解題是先算 12 ×（5+3）=96，再算 120-96=24，其中 96 可用 12 ×（5+3）取代，但國小不宜教中括號，教學可先出現第二層的括號 120-（12 ×（5+3））=（　），因（12 ×（5+3））是乘的先算可去外層括號，再將問題記成 120-12 ×（5+3）=（　）。教師也可將外層括號部分用色塊表示，透過替換且記錄問題的併式並符合先乘除後加減，所以可直接寫成 120-12 ×（5+3）=（　），學童在看此列式還要能把（5+3）當作一個數來處理。這類問題中 12 ×（5+3）=12 × 5+12 × 3 是乘法對加法的分配律，教學會特別處理，例如：

乘法對加減法的分配律（乘數相同）

一盒哈密瓜口味冰棒有6枝，一盒芒果口味冰棒有4枝，爸爸各買5盒。

① 哈密瓜口味和芒果口味共有幾枝冰棒？

我先算兩種口味各有幾枝，再合起來。

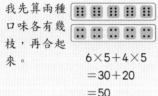

$6×5+4×5$
$=30+20$
$=50$

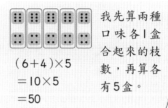

$(6+4)×5$
$=10×5$
$=50$

我先算兩種口味各1盒合起來的枝數，再算各有5盒。

答：

> 由①可以知道，兩種做法都是解決相同的問題，答案相同，6的5倍和4的5倍合起來，也是(6+4)的5倍，可以記成：「$6×5+4×5=(6+4)×5$」或「$(6+4)×5=6×5+4×5$」。

② 哈密瓜口味比芒果口味多幾枝冰棒？

我先算兩種口味各有幾枝，再相減。

$6×5-4×5$
$=$ _____
$=$ _____

$(6-4)×5$
$=$ _____
$=$ _____

我先算兩種口味各1盒相差幾枝，再算各有5盒。

答：

> 由②可以知道，兩種做法都是解決相同的問題，答案相同，6的5倍和4的5倍相減，也是(6-4)的5倍，可以記成：「$6×5-4×5=(6-4)×5$」或「$(6-4)×5=6×5-4×5$」。

（出自五上第4單元整數四則運算4-2分配律）

　　學童在這題，要能配合題意，將 $6×5+4×5=?$ 想成 $(6+4)×5=?$，也會將 $6×5-4×5=?$ 想成 $(6-4)×5=?$。所以，對前述題的列式 $120-12×(5+3)=(　)$ 也可列成四步驟問題的一個算式 $120-(12×5+12×3)=(　)$，或 $120-12×5-12×3=(　)$。只要學童能清楚說明他的解題策略即可！

# 等值分數與擴約分單元認知發展教學設計

學童的分數概念從等分開始接觸，在平分成幾等分中的幾等分來認識「幾分之幾」後，開始進入分數運算的學習；為了擴大分數的意義或處理異分母分數問題，「等值分數」扮演很重要的角色。異分母分數的比較、異分母分數的加減……，都須換成同分母分數才能進行；甚至分數除法運算的概念建立，也須從同分母分數的除法開始建立。很多學童對擴分和分數乘以整數、約分和分數除以整數也產生運算上的混亂，可能是背口訣或形式上運算弄混了，根本是相關基本概念不清楚。因此，學童在等值分數的概念、擴約分的運算……，以及一些有關的學習，常常產生學習上的困難或迷思。

## 學童學習困難解析

學童在分數概念的離散量情境表徵，例如：一盒巧克力有 6 顆，平分給 2 人，請畫出 1 人吃了幾盒？很多學童可能會回答 $\frac{1}{2}$ 盒，但會將 $\frac{1}{2}$ 盒部分，只在一盒 6 顆中圈出 2 顆中的 1 顆。正確的解法，一盒巧克力有 6 顆，直接回答 $\frac{1}{2}$ 盒，並在一盒中畫 3 顆；若從內容物 6÷2=3（顆）來看，先畫 3 顆再寫 $\frac{3}{6}$ 盒，這時尚未學等值分數，更未學習擴約分，所以回答 $\frac{1}{2}$ 盒、$\frac{3}{6}$ 盒都可以。學童若對 $\frac{1}{2}$ 盒、$\frac{3}{6}$ 盒的概念不清楚，卻在操作活動或圖示表徵中認識等值分數，他們可能是透過視覺或直觀看到連續量的面積或體積一樣大、離散量的內容物一樣多，所以接受了 $\frac{1}{2}$（盒）$=\frac{3}{6}$（盒）。教師在引入等值分數概念時，應多讓學童根據表徵和記錄，來說明這些分數代表什麼？它們是怎樣等值。

當教師引入等值分數概念後，要進一步引導擴分、約分的程序知識，就是分子和分母同乘、同除一數（自然數）；往往學童只會記得口訣，但到分數乘以整數、除以整數時就混在一起。教師在此要加強程序知識中的概念，讓學童觀察一些等值分數，它們分子、分母的變化規律是什麼？這規律最好是由學童提出，他們透過討論或分享，才會形成擴約分的心像。學童若未能在腦中或心中建立等值分數的分子、分母變化規律，只從教師的說明中記得同乘、同除的口訣，這就是一種機械式學習。擴分時分子和分母同乘一數、約分時分子和分母同除一數，很多教師會要求學童須有算式記錄，例如：$\frac{1}{2} = \frac{1 \times 3}{2 \times 3} = \frac{3}{6}$，其實掌握規律的變化比形式上格式更重要，只要學童能直接寫出 $\frac{1}{2} = \frac{3}{6}$ 就好，通常這些計算學童大都可心算，不須再增加形式上的筆算；形式上的筆算（分子分母同乘一數）$\frac{1}{2}$ $= \frac{1 \times 3}{2 \times 3} = \frac{3}{6}$，反而會跟分數乘以整數 $\frac{1}{2} \times 3 = \frac{3}{2}$ 產生混淆。

學童學過等值分數後，再學習擴分或約分，以及將二個異分母分數變成同分母的通分；學習通分最主要的功能，在解決異分母分數的比較和加減，還有分數除法也從同分母來建立初始概念。二個異分母分數要變成同分母，按學童的認知發展，可以分成幾個階段：首先是簡單異分母，就是一個分母是另一個分母的倍數，例如：$\frac{1}{2}$ 與 $\frac{3}{8}$；接者是透過找公倍數來找共同單位分數（同分母分數），例如：$\frac{2}{5}$ 與 $\frac{3}{4}$；最後才是利用短除法找最小公倍數來找同分母分數，例如：$\frac{3}{8}$ 與 $\frac{7}{12}$。這些異分母分數都須變成二個同分母分數才能進行解題，而此同分母的共同單位分數是進行比較或運算的基本單位，例如：$\frac{3}{8}$ 與 $\frac{7}{12}$ 換成 $\frac{9}{24}$ 與 $\frac{14}{24}$ 後，$\frac{1}{24}$ 就是二個同分

母分數的共同單位分數；$\frac{9}{24}$ 有 9 個 $\frac{1}{24}$、$\frac{14}{24}$ 有 14 個 $\frac{1}{24}$，利用 9 個與 14 個 $\frac{1}{24}$ 就可進行比較和運算。這些異分母分數換成同分母就是透過擴分找同分母分數的等值分數，答案部分也可能經由約分找其等值分數的最簡分數；學童困難處在找適當的共同單位分數（共測單位），例如：$\frac{5}{36}$ 與 $\frac{7}{60}$，很多學童會受學習 $\frac{2}{5}$ 與 $\frac{3}{4}$ 的 5×4=20 是最小公倍數的影響，直接用 36×60=2160 的 $\frac{1}{2160}$ 當作共測單位（同分母分數），其實用 36 和 60 最小公倍數 360 的 $\frac{1}{360}$ 當作共測單位，計算就有效多了！學童必須每一階段都要落實學習，而且能感受到不同階段的重點和差異；教師要引導學童概念式學習，不要機械式學習。

## 連續量和離散量情境等值分數的教學設計

學童「幾分之幾」的分數概念，強調的是平分成幾「等分」中的幾等分；平分是公平分配的操作，等分是平分後有相同分量的結果，分數概念要強調等分。通常學童對連續量的掌握比離散量好很多；所以在教連續量時，教師可利用生活中常見的物品，例如：有小格的巧克力片，它呈現了連續量離散化的情境，它可協助學童銜接未來的離散量概念。學童從相同大的 1 格或幾格巧克力，觀察跟整片（幾格）的關係，認識幾分之一或幾分之幾；教材設計可從連續量離散化情境入手，例如：

**3** 1 片巧克力有 8 格，平分成 8 等分。
1 格是多少片巧克力？
2 格呢？

1 等分是 1 格。

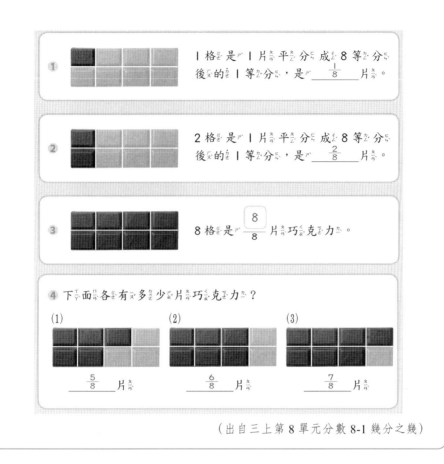

① 1格是1片平分成8等分後的1等分，是 $\frac{1}{8}$ 片。

② 2格是1片平分成8等分後的1等分，是 $\frac{2}{8}$ 片。

③ 8格是 $\frac{\boxed{8}}{8}$ 片巧克力。

④ 下面各有多少片巧克力？

(1) $\frac{5}{8}$ 片

(2) $\frac{6}{8}$ 片

(3) $\frac{7}{8}$ 片

（出自三上第8單元分數 8-1 幾分之幾）

學童學會用格和片來描述巧克力，幫助他們過渡到離散量情境。通常學童在離散量情境學分數，需要增加內容物單位的描述，例如：一盒雞蛋有6顆，平分成6等分，1等分是1顆也是 $\frac{1}{6}$ 盒。若此盒雞蛋平分成2等分，1等分就是3顆，3顆就是 $\frac{1}{2}$ 盒；這盒雞蛋中的2顆是幾盒呢？6顆中的2顆共有3份，每份（等分）是2顆也是 $\frac{1}{3}$ 盒。

等值分數在連續量情境下，一般會用「再分」來處理份數的增加，例如：1條蛋糕平分成2等分，其中1等分就是 $\frac{1}{2}$ 條；若每等分再切成相

等的 3 小條，就是 1 條蛋糕 6 等分，每小條是 $\frac{1}{6}$ 條，3 個 $\frac{1}{6}$ 條是 $\frac{3}{6}$ 條，$\frac{3}{6}$ 條是半條也是 $\frac{1}{2}$ 條，可記成 $\frac{1}{2}$（條）$=\frac{3}{6}$（條），這是透過再分割形成等值分數。同樣可透過再聚合形成等值分數，不論是一次再分割、再聚合形成等值分數的過程，連續量都會涉及二種單位，離散量會涉及三種單位；對學童而言，要由那麼多單位轉換才能認識等值分數，確實有難度，而且離散量更複雜。若連續量的首題，銜接前述用有小格的巧克力片認識幾分之幾，現在也可用它來認識等值分數，例如：

**1** 媽媽買了 1 片白巧克力，有 12 格。

① 把 1 片白巧克力分成 4 等分。1 等分是多少片？也就是多少格巧克力？

4 等分其中的 1 等分是 $\frac{1}{4}$ 片，也就是 3 格巧克力。

② 把 1 片白巧克力分成 3 等分。1 等分是多少片？也就是多少格巧克力？

3 等分其中的 1 等分是 $\frac{1}{3}$ 片，也就是 ＿＿＿ 格巧克力。

③ 把 1 片白巧克力分成 2 等分，1 等分是多少片？也就是多少格巧克力？

2 等分其中的 1 等分是 ＿＿＿ 片，也就是 ＿＿＿ 格巧克力。

（出自四下第 8 單元分數（二）8-1 等值分數）

這情境非常眞實且存在，不必透過再分割去製作更小的等分。

當離散量情境出現時，學童藉有小格的巧克力片，對整體量 1 的單位，還有內容物數量的單位描述，已有分數（幾分之幾）和等值分數的經驗。此時在眞正的離散量情境下，例如：1 盒蘋果有 12 顆，若學童將其 2 等分，每等分是 6 顆也是 $\frac{1}{2}$ 盒；將其 4 等分，每等分是 3 顆也是 $\frac{1}{4}$ 盒，6 顆就是 2 個 $\frac{1}{4}$ 盒也是 $\frac{2}{4}$ 盒；將其 6 等分，每等分是 2 顆也是 $\frac{1}{6}$ 盒，6 顆就是 3 個 $\frac{1}{6}$ 盒也是 $\frac{3}{6}$ 盒；將其 12 等分，每等分是 1 顆也是 $\frac{1}{12}$ 盒，6 顆就是 6 個 $\frac{1}{12}$ 盒也是 $\frac{6}{12}$ 盒。因爲這些分數都是代表 1 盒 12 顆蘋果中的 6 顆，所以 $\frac{1}{2}$（盒）$= \frac{2}{4}$（盒）$= \frac{3}{6}$（盒）$= \frac{6}{12}$（盒），它們就是等值分數。國小階段學分數，尤其在單位分數、眞分數、假分數、帶分數、等值分數階段，教師稱呼這些分數一定要帶單位，可以幫助學童掌握或判斷整體量 1 指的是什麼。

## 從等值分數引入共測單位的教學設計

學過等值分數後，教材安排就會進入擴約分和通分；通分是要解決二個異分母分數的問題，通分就會用到擴分或約分。學童在操作通分之前，要能了解二個異分母分數要有共同的分母，意即共測單位；用公倍數或最小公倍數、公因數或最大公因數就能找到共測單位，才會變成同分母的分數。共測單位教學的設計重點在於找同分母的解題需求和概念建立，例如：一條蜂蜜蛋糕切成 6 片，吃了一些剩下 $\frac{4}{6}$ 條（4 片）；另一相同大小的檸檬蛋糕切成 12（2×6）塊，也吃了一些剩下 $\frac{8}{12}$ 條（一排 2 塊和一排 6 塊），哪一種蛋糕剩的比較多？圖示詳下：

**圖 2-1**

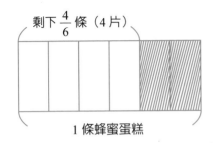

剩下 $\frac{4}{6}$ 條（4 片）

1 條蜂蜜蛋糕

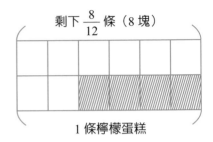

剩下 $\frac{8}{12}$ 條（8 塊）

1 條檸檬蛋糕

　　學童從視覺上可以發現，蜂蜜蛋糕的每片可以再切成二塊，4 片變成 8 塊就會產生等值分數 $\frac{4}{6}$（條）＝ $\frac{8}{12}$（條）；學童也會發現檸檬蛋糕每二塊和蜂蜜蛋糕的一片一樣大，把 8 塊的每 2 塊重排成 1 片，8 塊變成 4 片就會產生等值分數 $\frac{8}{12}$（條）＝ $\frac{4}{6}$（條）。把二種不同分割的蛋糕，對應（剩下）部分一樣多用它來表示，這就是等值分數；從 $\frac{4}{6}$（條）再分割才有 $\frac{8}{12}$（條），此時共測單位是 $\frac{1}{12}$（條），這就是為擴分 $\frac{4}{6}$（條）＝ $\frac{8}{12}$（條）的概念做奠基；從 $\frac{8}{12}$（條）再聚合才有 $\frac{4}{6}$（條），此時共測單位是 $\frac{1}{6}$（條），這就是為約分 $\frac{8}{12}$（條）＝ $\frac{4}{6}$（條）的概念做奠基；經過再分割、再聚合找出共測單位，藉由等值分數的表徵，可以確認蜂蜜蛋糕和檸檬蛋糕剩下的一樣多。

　　共測單位（共同的同分母分數）是銜接等值分數和通分（擴分或約分）二者間的重要概念，也可讓學童看到學擴分、約分的需求性；有了擴分、約分的概念，才能進一步學通分。教科書就有這樣的教材和教學設計，例如：

**1** 以列舉找不同分數的共同單位分數

丹丹用 1 條繩子來測量櫃子。藍櫃子和 $\frac{3}{4}$ 條繩子一樣長，綠櫃子和 $\frac{4}{5}$ 條繩子一樣長。哪一個櫃子比較長？

$\frac{3}{4}$ 條繩子是 3 個 $\frac{1}{4}$ 條，$\frac{4}{5}$ 條繩子是 4 個 $\frac{1}{5}$ 條，等分的份數不同，要怎麼比呢？

把 $\frac{3}{4}$ 條繩子和 $\frac{4}{5}$ 條繩子等分成同樣的份數就可以比較。

$\frac{3}{4}$ 和 $\frac{6}{8}$、$\frac{9}{12}$、$\frac{12}{16}$、$\boxed{\frac{15}{20}}$、$\frac{18}{24}$、……一樣大。

$\frac{4}{5}$ 和 $\frac{8}{10}$、$\frac{12}{15}$、$\boxed{\frac{16}{20}}$、$\frac{20}{25}$、$\frac{24}{30}$、……一樣大。

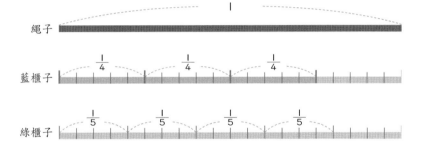

繩子

藍櫃子

綠櫃子

當 $\frac{3}{4}$ 條繩子和 $\frac{4}{5}$ 條繩子都再等分成 20 份，使每 1 等分都是 $\frac{1}{20}$ 條繩子時，就可以比較。$\frac{15}{20} < \frac{16}{20}$，所以 $\frac{3}{4}$ ＿＿＿ $\frac{4}{5}$。

（出自五上第 6 單元擴分、約分和通分 6-2 通分與分數大小比較）

要解決異分母分數問題的核心概念是共測單位（同分母分數），而擴分、約分只是以程序或操作為主的知識。

## 擴約分與通分概念及應用的教學設計

擴分和約分的教學，通常會直接從等值分數開始，但增加共測單位（共同的同分母分數）的討論，會讓學童了解再分割或再聚合的必要性，以及變成同分母分數的目的；再分割是擴分的前置經驗，再聚合是約分的

前置經驗，而通分的目的就是要變成同分母分數。因為連續量的再分割，配合實際操作即可清楚說明；但連續量的再聚合，要從幾小份併成一大份，它是從已離散化的情境來處理，可類比離散量情境。筆者配合本節中第二小節「等值分數的離散量情境」來說明，例如：1 盒蘋果有 12 顆，若學童分別將其 2 等分、4 等分、6 等分、12 等分，這些分數 $\frac{1}{2}$（盒）= $\frac{2}{4}$（盒）= $\frac{3}{6}$（盒）= $\frac{6}{12}$（盒），都是代表 1 盒 12 顆蘋果中的 6 顆，所以它們是等值分數。離散量情境的再分割，就是將每 6 顆為 1 份，變成每 3 顆為 1 小份，6 顆是 2 小份，所以 $\frac{1}{2}$（盒）= $\frac{2}{4}$（盒）；若將每 6 顆為 1 份，變成每 2 顆為 1 小份，6 顆是 3 小份，所以 $\frac{1}{2}$（盒）= $\frac{3}{6}$（盒）；將每 6 顆為 1 份，變成每 1 顆為 1 小份，6 顆是 6 小份，所以 $\frac{1}{2}$（盒）= $\frac{6}{12}$（盒）。離散量情境的再聚合，就是將每 1 顆為 1 份，變成每 2 顆為 1 大份，6 顆是 3 大份，所以 $\frac{6}{12}$（盒）= $\frac{3}{6}$（盒）；若將每 6 顆為 1 份，變成每 3 顆為 1 大份，6 顆是 2 大份，所以 $\frac{6}{12}$（盒）= $\frac{2}{4}$（盒）；將每 6 顆為 1 份，變成每 6 顆為 1 大份，6 顆是 1 大份，所以 $\frac{6}{12}$（盒）= $\frac{1}{2}$（盒）。

圖示詳下：

**圖 2-2**

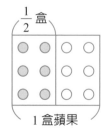
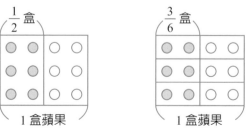

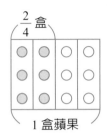
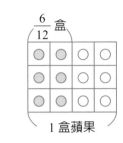

$\dfrac{2}{4}$ 盒　　$\dfrac{6}{12}$ 盒

1 盒蘋果　　1 盒蘋果

教師須讓學童觀察 $\dfrac{1}{2}=\dfrac{2}{4}$、$\dfrac{1}{2}=\dfrac{3}{6}$、$\dfrac{1}{2}=\dfrac{6}{12}$ 這些等值分數，它們的

變化規律：$\dfrac{1}{2}=\dfrac{2}{4}$ 是分子、分母同乘以 2，這是 1 份再分割為 2 小份；

$\dfrac{1}{2}=\dfrac{3}{6}$ 是分子、分母同乘以 3，這是 1 份再分割為 3 小份；$\dfrac{1}{2}=\dfrac{6}{12}$ 是分

子、分母同乘以 6，這是 1 份再分割為 6 小份，這些經再分割找到的等值

分數就是「擴分」。學童再觀察 $\dfrac{6}{12}=\dfrac{3}{6}$、$\dfrac{6}{12}=\dfrac{2}{4}$、$\dfrac{6}{12}=\dfrac{1}{2}$ 這些等值分

數，它們的變化規律：$\dfrac{6}{12}=\dfrac{3}{6}$ 是分子、分母同除以 2，這是 1 份再聚合

成 2 大份；$\dfrac{6}{12}=\dfrac{2}{4}$ 是分子、分母同除以 3，這是 1 份再聚合成 3 大份；

$\dfrac{6}{12}=\dfrac{1}{2}$ 是分子、分母同除以 6，這是 1 份再聚合成 6 大份，這些經再聚

合找到的等值分數就是「約分」。等值分數的變化規律應多讓學童察覺和

說明，建構他們腦中的心像，學童能直接寫出等值分數就可，教師不必要

求學童一定要列式計算，例如：$\dfrac{1}{2}=\dfrac{1\times3}{2\times3}=\dfrac{3}{6}$、$\dfrac{6}{12}=\dfrac{6\div3}{12\div3}=\dfrac{2}{4}$，這樣

會讓學童重在算式的表徵，反而忘了什麼是等值分數，而跟分數乘以整數

$\dfrac{1}{2}\times3=\dfrac{3}{2}$、分數除以整數 $\dfrac{1}{2}\div3=\dfrac{1}{2}\times\dfrac{1}{3}=\dfrac{1}{6}$ 混為一談。配合學童認

知發展的教材或教學設計，擴分部分例如：

**2** 操作理解分子分母乘以同一整數是擴分

桌上有 $\frac{3}{4}$ 張紙，也可以說是多少張紙呢？分一分，

做做看，怎麼做會和 $\frac{3}{4}$ 張是相同的份量？

① 將 $\frac{3}{4}$ 張再分成 2 等分。

每一個 $\frac{1}{4}$ 都再分成 2 等分，

每一小等分是 $\frac{1}{8}$ 張，3 個 $\frac{1}{4}$ 變成 6 個 $\frac{1}{8}$。

$\frac{3}{4}$ 張也可以說是 $\frac{6}{8}$ 張。

$$\frac{3}{4} \overset{3\times2}{\underset{4\times2}{=}} \frac{6}{8}$$

② 將 $\frac{3}{4}$ 張再分成 3 等分。

每一個 $\frac{1}{4}$ 都再分成 3 等分，

每一小等分是 $\frac{1}{12}$ 張，3 個 $\frac{1}{4}$ 變成 9 個 $\frac{1}{12}$。

$\frac{3}{4}$ 張也可以說是＿＿＿＿張。

$$\frac{3}{4} \overset{3\times3}{\underset{4\times3}{=}} \frac{9}{12}$$

③ 將 $\frac{3}{4}$ 張再分成 4 等分。

每一個 $\frac{1}{4}$ 都再分成 4 等分，

每一小等分是 $\frac{1}{16}$ 張，3 個 $\frac{1}{4}$ 變成＿＿＿＿個 $\frac{1}{16}$。

$\frac{3}{4}$ 張也可以說是＿＿＿＿張。

$$\frac{3}{4} \overset{3\times4}{\underset{4\times4}{=}} \frac{12}{16}$$

說說看，①②③這些分數都等值嗎？分子和分母是怎麼變化的？
如果要讓 $\frac{3}{4}$ 張的分母變成 20，要將這張紙等分成幾份呢？

④ 將 $\frac{3}{4}$ 張再分成 5 等分。

每一個 $\frac{1}{4}$ 都再分成 5 等分，

每一小等分是 $\frac{1}{20}$ 張，3 個 $\frac{1}{4}$ 變成＿＿＿＿個 $\frac{1}{\Box}$。

$\frac{3}{4}$ 張也可以說是＿＿＿＿張。

$$\frac{3}{4} \overset{3\times5}{\underset{4\times5}{=}} \frac{15}{20}$$

$\frac{3}{4} = \frac{6}{8}$，$\frac{3}{4} = \frac{9}{12}$，$\frac{3}{4} = \frac{12}{16}$……，像這樣，將分子和分母同乘以一個比 1 大的整數，而得到一個分數和原分數等值，這種方法稱為擴分。

（出自五上第 6 單元擴分、約分和通分 6-1 擴分與約分）

約分部分例如：

**5** 操作理解分子分母除以同一整數是約分

1 片巧克力有 24 格，1 格是 $\frac{1}{24}$ 片巧克力，

$\frac{18}{24}$ 片也可以說是幾分之幾片巧克力？

① 將 2 個 $\frac{1}{24}$ 片合成 1 份。

每 2 個 $\frac{1}{24}$ 合成 1 份，合成後的每 1 份是 $\frac{2}{24}$ 片，也是 $\frac{1}{12}$ 片，2 個 $\frac{1}{24}$ 變成 1 個 $\frac{1}{12}$。

$\frac{18}{24}$ 片也可以說是 $\frac{9}{12}$ 片。

$$\frac{18}{24} \overset{18 \div 2}{\underset{24 \div 2}{=}} \frac{9}{12}$$

② 將 3 個 $\frac{1}{24}$ 片合成 1 份。

每 3 個 $\frac{1}{24}$ 合成 1 份，合成後的每 1 份是 $\frac{3}{24}$ 片，也是 $\frac{1}{8}$ 片，3 個 $\frac{1}{24}$ 變成 1 個 $\frac{1}{8}$。

$\frac{18}{24}$ 片也可以說是 _____ 片。

$$\frac{18}{24} \overset{18 \div 3}{\underset{24 \div 3}{=}} \frac{6}{8}$$

 想想看，4 個 $\frac{1}{24}$ 片合成 1 份時，分子也可以剛好合成 1 份嗎？可以 5 個 $\frac{1}{24}$ 片合成 1 份嗎？

③ 將 6 個 $\frac{1}{24}$ 片合成 1 份。

每 6 個 $\frac{1}{24}$ 合成 1 份，合成後的每 1 份是 $\frac{6}{24}$ 片，也是 $\frac{1}{4}$ 片，6 個 $\frac{1}{24}$ 變成 1 個 $\frac{1}{\boxed{\phantom{0}}}$。

$\frac{18}{24}$ 片也可以說是 _____ 片。

$$\frac{18}{24} \overset{18 \div 6}{\underset{24 \div 6}{=}} \frac{3}{4}$$

④ 說說看，①②③的等值分數中，分子和分母是怎麼變化的？

 為什麼 $\frac{18}{24}$ 可以用 2 個 $\frac{1}{24}$ 片合成 1 份、3 個 $\frac{1}{24}$ 合成 1 份、6 個 $\frac{1}{24}$ 合成 1 份呢？ $\frac{18}{24}$ 的分子、分母和合併的份數有什麼關係？

$\frac{18}{24} = \frac{9}{12}$，$\frac{18}{24} = \frac{6}{8}$，$\frac{18}{24} = \frac{3}{4}$，像這樣，將分子和分母同除以它們的公因數，而得到一個分數和原分數等值，這種方法稱為約分。

（出自五上第 6 單元擴分、約分和通分 6-1 擴分與約分）

　　培養學童從觀察擴分、約分的規律中，建立等值分數的心像；即使乘數、除數較大，不能心算時可以筆算寫出等值分數，但還是不要列式來算。

　　學童有了擴約分概念，教學通常會引入通分概念，目的是要找出共同的同分母分數，以解決異分母分數的比大小、異分母分數的加減等。通分的教學也會分階段，先是簡單異分母，就是二個異分母的分母有倍數關係，例如：

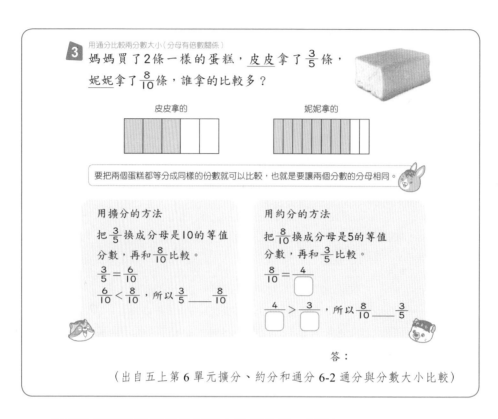

用通分比較兩分數大小（分母有倍數關係）

**3** 媽媽買了2條一樣的蛋糕，<u>皮皮</u>拿了 $\frac{3}{5}$ 條，<u>妮妮</u>拿了 $\frac{8}{10}$ 條，誰拿的比較多？

皮皮拿的　　　　　　妮妮拿的

要把兩個蛋糕都等分成同樣的份數就可以比較，也就是要讓兩個分數的分母相同。

用擴分的方法

把 $\frac{3}{5}$ 換成分母是10的等值分數，再和 $\frac{8}{10}$ 比較。

$$\frac{3}{5} = \frac{6}{10}$$

$\frac{6}{10} < \frac{8}{10}$ ，所以 $\frac{3}{5}$ ____ $\frac{8}{10}$

用約分的方法

把 $\frac{8}{10}$ 換成分母是5的等值分數，再和 $\frac{3}{5}$ 比較。

$$\frac{8}{10} = \frac{4}{\Box}$$

$\frac{4}{\Box} > \frac{3}{\Box}$ ，所以 $\frac{8}{10}$ ____ $\frac{3}{5}$

答：

（出自五上第 6 單元擴分、約分和通分 6-2 通分與分數大小比較）

再來是無倍數關係且分母不大的異分母，例如：

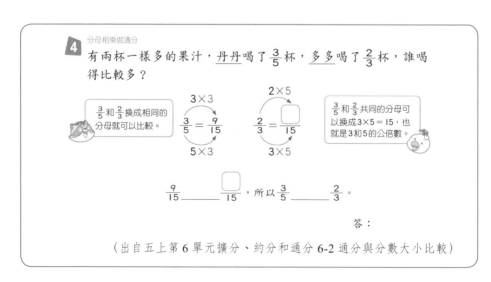

分母相乘做通分

**4** 有兩杯一樣多的果汁，<u>丹丹</u>喝了 $\frac{3}{5}$ 杯，<u>多多</u>喝了 $\frac{2}{3}$ 杯，誰喝得比較多？

$\frac{3}{5}$ 和 $\frac{2}{3}$ 換成相同的分母就可以比較。

$3 \times 3$

$$\frac{3}{5} = \frac{9}{15}$$

$5 \times 3$

$2 \times 5$

$$\frac{2}{3} = \frac{\Box}{15}$$

$3 \times 5$

$\frac{3}{5}$ 和 $\frac{2}{3}$ 共同的分母可以換成 $3 \times 5 = 15$，也就是3和5的公倍數。

$\frac{9}{15}$ ____ $\frac{\Box}{15}$ ，所以 $\frac{3}{5}$ ____ $\frac{2}{3}$ 。

答：

（出自五上第 6 單元擴分、約分和通分 6-2 通分與分數大小比較）

最後是以短除法找最小公倍數的異分母，根據學習內容 N-6-1「20 以內的質數和質因數分解：……以短除法做質因數和分解。」這是六年級的教材。總之，通分要藉助擴分或約分找共同的同分母分數，擴分來自再分割、約分來自再聚合的等值分數。

## 時間用語與概念單元認知發展教學設計

時間在生活中處處存在，但它看不到、摸不到，對學童而言是很抽象的概念。時間雖是量與實測的教材之一，但它跟長度、重量、容量、面積、體積、角度等感官量不同；時間是工具量，它須藉日曆、月曆、鐘錶等工具來呈現。因為時間概念不能具體呈現，學童在時刻的報讀、時刻和時間（量）的用語、時間的計算……，常常產生學習上的混淆或迷思。

### 學童學習困難解析

學童開始學時刻報讀，通常是看長針、短針所指的位置，用「生活用語」報讀整點和整點半，例如：7 點、9 點半；若到「幾點幾分」報讀，一定要先認識鐘面上大、小刻度和數字的關聯，此時才能報讀 9 點 30 分，以及 9 點 12 分、9 點 55 分。學童在時刻報讀最常見的錯誤，例如：將 9 點 55 分說成 10 點 55 分，他們不理解長針、短針轉動的兩針關係，以為短針接近數字 10，就認為 9 點 55 分是 10 點 55 分；還有從 10 點 59 分開始，「長針再走 1 小格」是 11 點，學童若說是 10 點 60 分不能算錯，但須讓他們再看兩針位置和所指數字是 11 點。學童在生活上會模仿大人說：等我 5 分鐘、用了 1 小時，但他們此時尚無時間量感；教師不宜指導從某時刻開始，長針再走 1 分鐘、長針再走 1 小時來找下一個時刻。基於時間的正式單位是年、月、日、時、分、秒，學童還是要逐步認識時刻的「數學用語」是幾時幾分。

當學童開始進入時間量感階段，認識長針在鐘面走一小格是 1 分鐘、

轉一圈是60分鐘也是1小時，短針走一大格是1小時、轉一圈是12小時，此時對時間（量）的描述還是採「生活用語」；但當學童已認識長針就是分針、短針就是時針，所以時刻開始學習用「數學用語」來報讀，例如：7時、9時30分、10時37分。學童最困難的是面對很多時間問題的計算和應用，到高年級時刻和時間（量）都須學會用「數學用語」表示，例如：上午9時40分出發，路程花了6時30分，到達時間是幾時幾分？他們須以語意來判斷「幾時幾分」是代表時刻，還是時間（量）；若學童只能用幾時幾分、幾小時幾分鐘分別來區分時刻、時間量，當「某時刻開始，經過某時間（量）是什麼時刻？」或「某兩時刻間有多少時間（量）？」的問題出現，學童在加法或減法算式上的單位是用「時、分」，還是用「小時、分鐘」呢？可是只有時間（量）才能做運算。通常時間計算是用正式單位「日、時、分」表示外；教師應指導他們時刻只是時間數線上的一個位置或刻度，它是無法進行直接計算的，只有時間（量）才能進行加減、乘除的運算，所以，「時刻＋時間（量）＝時刻」或「時刻－時刻＝時間（量）」的口訣是不恰當的。還有，在學童尚未學平均數概念時，有關「月」的時間（量）不會教1個月有30日。因為一年中有6個月是大月（31日）、5個月是小月（30日）、1個月是28日或29日，從眾數觀點1個月是31日，從中位數觀點1個月是 $(30+31) \div 2 = 30.5$（日），從平均數觀點則是 $365 \div 12 = 30.42 \fallingdotseq 30$（日）、$366 \div 12 = 30.5 \fallingdotseq 31$（日）；所以，教師在低年級提供月曆讓學童查閱某月有幾日，才符合學童的認知發展。

　　學童在「生活用語」、「數學用語」間學習時間單元，碰到12時制和24時制也會產生一些問題，12時制必須加上數學用語「上午、下午」的描述；但生活上會出現凌晨、早上、中午、傍晚、晚上、半夜的生活用語，它們沒有明確「時間區間」的界定。當學童用了這些生活用語描述事件或問題，教師只須了解他們沒有用錯就好，但要確認學童知道上午、下午的界定。所有時間的生活用語和數學用語難免混用，中高年級學童要知道彼此間的對應，例如：下午3點50分是下午3時50分、下午5時12

分是 17 時 12 分、經過 6 小時 35 分鐘是經過 6 時 35 分、早上 7 點是上午 7 時、晚上 9 點是下午 9 時……。

　　學童對時間（量）的換算經常有誤，例如：123 分 =1 時 23 分、1 日 6 時 =16 時，這些錯誤都是受到整數十進位制的影響；要避免或減少這些錯誤，除了學童對 1 日 =24 時、1 時 =60 分、1 分 =60 秒要有量感外，對鐘面上時和分、分和秒的關係，以及 1 日時間數線和 12 時制或 24 時制的關聯，都須藉豐富的鐘面上指針具體操作以培養日、時、分、秒間關聯的心像。再者，時間的計算和應用也是學童常常發生困難之處，當然有些是在換算時出錯，但大都是對題目中時刻和時間（量）的區分或關聯不知從何判斷？還有誰加誰、誰減誰……；為什麼時刻的「幾時幾分」可跟時間（量）的「幾小時幾分鐘」一起加或減？例如：「美美 9 時 45 分到奶奶家玩，待了 5 小時才離開。美美是幾時幾分離開奶奶家？」這些問題若再碰到跨午、跨日、跨月更是複雜。教學上可藉「時間數線」幫助學童釐清時刻和時間（量）的關聯，以及了解時間（量）才能做加減、乘除，並確認算式代表的意義。

　　學童對於時間的生活用語和數學用語，還有時刻報讀、時間（量）換算，以及時間的應用問題有學習上的困難，教師若能考量學童學習的認知發展來設計教材脈絡，讓教學安排處處奠基，學童必能減少學習困難，提升學習成效。

## 時刻報讀與用語提升的教學設計

　　現代生活中常用的計時工具是電子鐘和電子錶，可是教學都是從傳統的圓形鐘錶開始；這是因為電子鐘出現的數字，在手動調整時刻是無法呈現累進的，例如：09:58 → 09:59 → 09:00（數字 9 不會自動調整），教師無法在靜態現象下教學，而且認識傳統鐘錶也有文化傳承的意涵。類比式計時工具的圓形鐘面，有長針、短針外，還有 1 到 12 的數字，對應 12 個大刻度；在大刻度間分成 5 等分，有 4 個小刻度線，整個鐘面有 60 個小

刻度，所以非圓形鐘面就無法讓學童看到小刻度間、大刻度間的等距。配合學童的生活經驗，開始是學整點、整點半報讀，以兩針所指位置來報讀，例如：長針從數字 12 開始，經過 1、2……6，走了半圈指向數字 6，短針從數字 9 開始，走了大刻度的一半，指向數字 9 和 10 的中間，所以是「9 點半」。因爲學童只學了 20 以內的數數，尚不知長針走一圈是 60 分也是 1 時，此時不會引導學童說「9 點 30 分」，更不會用數學用語說「9 時 30 分」；教學也不宜出現「從 9 點半開始，再經過 1 小時是什麼時刻？」但可以設計這樣的教材「從幾點開始，長針再轉一圈是什麼時刻？」例如：

**1** 這天是皮皮的生日。

① 先拿出時鐘撥撥看，再圈圈看。

長針走 1 圈　短針從 5 走到 6

皮皮的慶生會是下午（ 4 點 ， 6 點 ）。

② 先看圖說說看，長針是怎麼走的？短針從幾走到幾？再填填看。

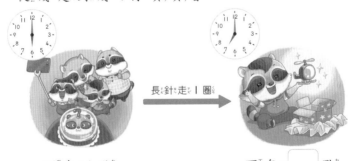

長針走 1 圈

下午 6 點　　　下午 ☐ 點

（出自一上第 9 單元時間 9-5 時間的前後）

教師在學童尚未進入認識時間量感階段，只能以鐘面指針位置和長短針轉動現象來教學，不宜涉及量感的語意；教師要讓學童多操作並觀察長、短針在鐘面的轉動現象，尤其是長針連續轉動時，短針在兩數字間的位置變化。

學童在報讀「幾時幾分」前，教師要引導學童認識圓形鐘面的數字和大、小刻度的關聯，協助他們建立長針指向數字 12 的小刻度、短針指向某數字的大刻度開始，例如：7 點也是 7 時，接著長針走了一小格、短針從數字 7 微微移動到「7 點 1 分」也是「7 時 1 分」，繼續進行連續報讀 7 時 2 分……7 時 5 分……7 時 10 分……7 時 15 分……7 時 30 分……7 時 45 分……7 時 55 分……7 時 59 分、8 時，觀察長針從 7 時轉了一圈到 7 時 60 分也是 8 時；教學時要在小刻度上寫數字 0（60）、1、2……58、59，例如：

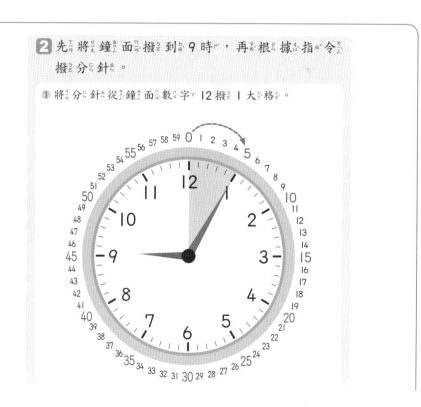

❷ 分針走了 1 大格，也可以說是走了 ▢ 小格，是 9 時 ▢ 分。

（出自二上第 8 單元時間 8-2 報讀時刻）

　　這時可以指導學童將短針稱為時針、長針稱為分針，同時找出鐘面上數字跟幾分的規律，數字 1 對應 5 分、數字 2 對應 10 分、數字 3 對應 15 分……數字 6 對應 30 分……數字 9 對應 45 分……數字 11 對應 55 分、數字 12 對應 60 分也是 0 分開始；這個數字對應幾分刻度的規律也可配合乘法教學，跟 5×1=5、5×2=10……5×9=45、5×10=50、5×11=55、5×12=60 結合。

　　學童在未認識「幾分刻度」前，通常只會用「生活用語」報讀幾點、幾點半，剛認識「幾分刻度」時，一般會混用生活和數學用語，例如：4 點 50 分或 4 時 50 分；當學童到三年級配合生活事件，透過時針走一大格、分針轉一圈，認識 1 時 = 60 分，用「幾時幾分」數學用語來報讀時刻就會逐漸習慣。同時，教師還會從生活事件，藉由鐘面數字、刻度，以及分針和秒針的轉動，建立 1 分 = 60 秒的量感；也可從一天的活動中，記錄發生的重要事件和時刻，來認識 1 日 = 24 時。但是，學童在開始培養時間量感階段，仍然習慣用「生活用語」來描述時間（量），例如：1 小時、2 分鐘、3 秒鐘。所以，學童在建立時間量感階段的時間問題，會用「數學用語」描述時刻、用「生活用語」描述時間（量），例如：

5 伯父在上午 7 時坐上火車，上午 9 時 18 分抵達臺中車站。伯父搭火車花了幾小時幾分鐘？

我從上午 7 時開始數。

經過 1 小時　經過 1 小時　經過 18 分鐘

7 時　　8 時　　9 時　　9 時 18 分

上午 7 時是指從上午 0 時開始，經過 7 小時。

上午 9 時 18 分是指從上午 0 時開始，經過 9 小時 18 分鐘。

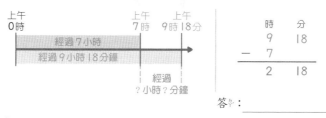

| | 時 | 分 |
|---|---|---|
| | 9 | 18 |
| − | 7 | |
| | 2 | 18 |

答：＿＿＿＿＿＿＿

算出來的 2 小時 18 分鐘，是指從上午 7 時到上午 9 時 18 分，經過 2 小時 18 分鐘。

（出自三下第 7 單元時間 7-4 時間的計算）

此時他們已知時針走一大格是 1 小時、轉一圈是 12 小時，分針走一小格是 1 分鐘、走一大格（5 小格）是 5 分鐘、轉一圈是 60 分鐘也是 1 小時，並將這些心像配合時間數線，進行不跨午、不進退位的解題。

學童到三年級，藉由時間數線，認識 1 日是 24 小時，以及上午、下午的數學用語，還有中午的生活用語等，進而認識 12 時制和 24 時制的關聯，此時教學是以時刻報讀的轉換為主；教師在四年級教學有關連續 24 小時的布題，也是時刻用正式用語、時間（量）用生活用語。例如：

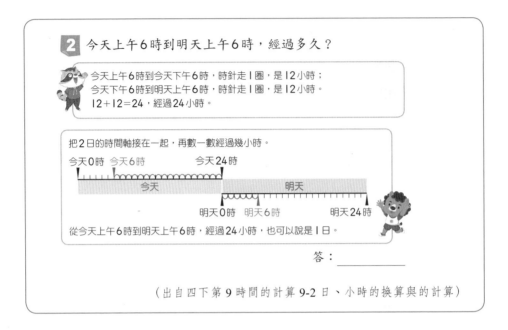

（出自四下第 9 時間的計算 9-2 日、小時的換算與的計算）

　　學童從二年級認識的「1 日有 24 小時」是名稱日，到現在的「連續 24 小時是 1 日」就是週期日，並認識 1 日＝24 時（小時）、24 時（小時）＝1 日。

## 時間（量）換算與用語提升的教學設計

　　學童尚未認識「1 日＝24 時」、「1 時＝60 分」、「1 分＝60 秒」時間量感前，他們是無法掌握 1 分鐘、1 小時、1 天的，也許會模仿大人這些生活用語的說法，但不能掌握這些看不到的時間（量）。當學童中年級進入建立時間量感階段，配合生活事件，以及時針、分針在鐘面數字和大小刻度間的轉動，認識鐘面現象和時間（量）的關聯。雖然此時學童逐漸熟悉用幾時幾分、幾分幾秒的「數學用語」來報讀時刻，但仍無法用幾時幾分、幾分幾秒的「數學用語」來描述時間（量），只能銜接原有的生活經驗用幾小時幾分鐘、幾分鐘幾秒鐘的「生活用語」來敘述。簡言之，學童低年級開始學時刻報讀是從生活用語開始，中年級開始學時間（量）描

述也是從生活用語開始。

　　教師在三年級的教學，會從鐘面時針（短針）、分針（長針）、秒針的轉動，配合鐘面刻度、生活事件建立 1 小時 = 60 分鐘、1 分鐘 = 60 秒、1 日 = 24 時，並做簡單的換算。教師可利用「時間數線」上刻度（時刻）和間距（時間量），讓學童了解時刻和時間（量）的關聯，進而引導他們解決某時刻經過多少時間量是某時刻，以及兩時刻間經過多少時間量等問題，例如：

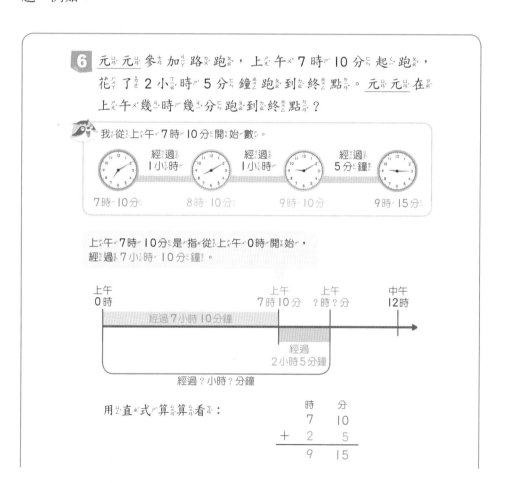

算出來的 9 小時 15 分鐘，是指從上午 0 時開始經過的時間，在 12 時制是上午 9 時 15 分。

答：＿＿＿＿＿＿＿＿

（出自三下第 7 單元時間 7-4 時間的計算）

　　此時，教師須讓學童了解時間（量）才能運算，這些計算的單位是什麼？他們熟悉的時刻是幾時幾分、時間（量）是幾小時幾分鐘，彼此間的關聯爲何？但直式算式的單位是「時、分」等，教師可配合學童此時的認知發展，說明這是簡記，也可說是正式單位或數學用語。例如：

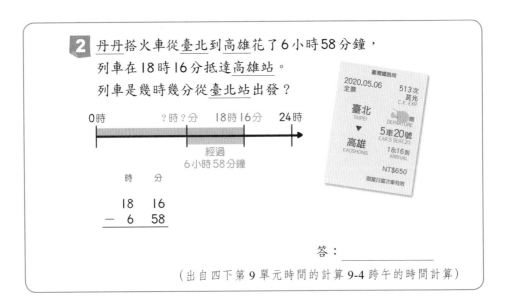

**2** 丹丹搭火車從臺北到高雄花了 6 小時 58 分鐘，列車在 18 時 16 分抵達高雄站。列車是幾時幾分從臺北站出發？

答：＿＿＿＿＿＿＿＿

（出自四下第 9 單元時間的計算 9-4 跨午的時間計算）

　　教師在高年級必須引導學童熟悉用幾日幾時、幾時幾分、幾分幾秒的「數學用語」來描述時間（量），然後可以用問題情境中的語意來判斷「幾時幾分」是時刻，還是時間（量）。例如：

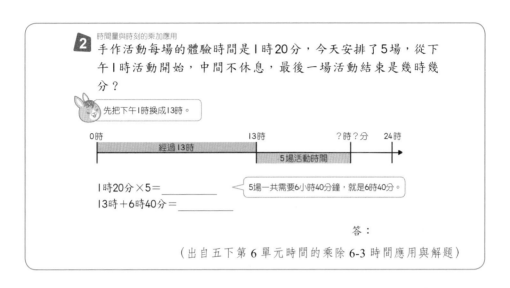

時間量與時刻的乘加應用
手作活動每場的體驗時間是 1 時 20 分，今天安排了 5 場，從下午 1 時活動開始，中間不休息，最後一場活動結束是幾時幾分？

先把下午1時換成13時。

0時　　　經過13時　　　13時　　　?時?分　24時
　　　　　　　　　　　　　　5場活動時間

1時20分×5＝ ＿＿＿＿＿　　　5場一共需要6小時40分鐘，就是6時40分。
13時＋6時40分＝ ＿＿＿＿＿

答：

（出自五下第 6 單元時間的乘除 6-3 時間應用與解題）

教師可延續學童在中年級的時間數線經驗，用動態表徵來協助學童理解用「數學用語」描述的時刻和時間（量）的關聯，以及 5 組參加體驗活動的總時間（量）是從哪裡到哪裡，這兩個時間（量）合併的「幾時幾分」，就可知道是 24 時制的「幾時幾分」；用開始時刻代表的時間（量），加上經過的時間（量），得到的時間（量）總和就是 0 時開始到所求答案的結束時刻。此時，學童須理解時刻跟時間（量）的關聯，例如：下午 1 時是時刻，但它表示從 0 時開始經過了 13 時的時間（量）；也可以說從 0 時開始經過 13 時的時間（量）就是 13 時，也是下午 1 時的時刻。

當學童了解時間（量）才能進行加、減等運算時，對算式的單位是數學用語「日、時、分、秒」代表的意義，就能明白它不是代表時刻，而是代表時間（量）；有時它就是答案，有時它要轉成時刻。另外，學童在時間計算上，碰到複名數問題很容易出錯，因為它是屬於非十進制的換算，學童腦中要能出現「1 日 = 24 時」、「1 時 = 60 分」、「1 分 = 60 秒」的關係式，才能正確進行運算。如何協助學童不要不假思索就把 2 時 15 分寫成 215 分？教師可加強他們對時間（量）換算的心像，從鐘面的數字、刻度，以及兩針轉動現象，藉由多操作來建立；並在解題初期提示學童這

些關係式，待他們逐漸熟記後，可在解題前請學生先想一下這些關係式。總之，協助學童對時間（量）的關係式熟記或有心像是要假以時日的。

## 時間概念與時間數線的教學設計

　　時間是看不到、摸不到的工具量，除了用鐘錶、日曆、月曆來表達外，教學上「時間數線（也稱時間軸）」是很重要的溝通或解題工具，它能幫助學童看到時刻和時間（量）的關聯，也能看到日接日、月接月、年接年的時間連續性。「時間數線／時間軸」是以「整數數線」為基礎，學童最早接觸到的數線概念是「公分尺」；教師在教以公分為單位的測量活動前，須讓學童察覺公分尺上數字 0、1、2……15……相鄰兩者間的間距都是 1 公分，而且了解刻度 0 到 1、0 到 2……1 到 8……的間距分別是 1 公分、2 公分……7 公分……。「整數數線」的構成要素是座標、座標與座標間的距離，在國小階段可將座標稱為刻度或位置、相鄰兩座標的距離也可稱為間距；間距代表一個單位長，從原點 0 到刻度／位置 5，共有 5 個單位長。教師在整數相關單元也可利用整數數線，協助學童進行數的大小比較，以及數的加、減計算。

　　通常「時間數線」的刻度／位置就是整時（整點）時刻、間距就會是 1 時（1 小時），只會在刻度上出現數字；雖然時間具有連續性，但是受到 12 時制或 24 時制、每月日數可能是 28（29）、30 或 31 日，以及一年有 1、2、3……12 月的影響，在時間數線上的午接午、日接日、月接月處數字不是連續的，例如：

> **3** 小甲和家人去旅遊，當日下午 3 時 26 分入住飯店，隔日上午 10 時 17 分辦理退房。小甲停留在飯店的時間共幾小時幾分鐘？
>
> 　將下午 3 時 26 分換成 15 時 26 分，
> 先算當日 15 時 26 分到 24 時，經過幾小時幾分鐘……

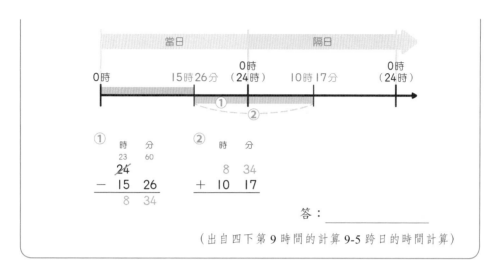

答：＿＿＿＿＿＿＿

（出自四下第 9 時間的計算 9-5 跨日的時間計算）

　　教師須引導學童了解上午的結束就是下午的開始、一天的結束就是下一天的開始……。

　　教師可先利用「時間數線」，讓學童了解「幾時」的數學用語有兩種意義，一是代表某時刻、一是代表 0 時到此時刻的時間（量），例如：下午 3 時就是 15 時，也是從 0 時開始經過了 15 時。接著可讓學童在時間數線上標示能溝通即可（不求精準）的「幾時幾分」刻度／位置，了解從 0 時開始經過了「幾時幾分」的時間長度。當學童在時間數線上會用「數學用語」同時報讀時刻、描述時間（量），也能在時間數線上標出時刻或時間（量），察覺彼此關係，這時進行時間的應用問題，對題意的掌握就會明確多了，例如：

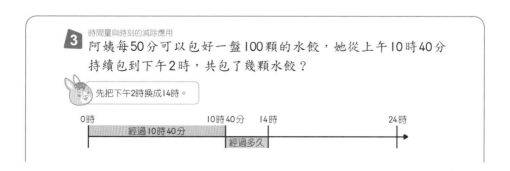

**3** 時間量與時刻的減除應用
阿姨每 50 分可以包好一盤 100 顆的水餃，她從上午 10 時 40 分持續包到下午 2 時，共包了幾顆水餃？

先把下午 2 時換成 14 時。

14時－10時40分＝3時20分

3時20分÷50分＝＿＿4＿＿ ◁ 3時20分可以包幾盤？是多少顆？

100×4＝＿＿＿＿＿

答：

（出自五下第 6 單元時間的乘除 6-3 時間應用與解題）

　　學童須理解每 50 分的 50 分是時間（量）、上午 10 時 40 分和下午 2 時是時刻，先算出這兩個時刻間經過多久的時間（量），再算有幾個 50 分，就能知道包了幾盤，共有幾顆水餃。總之，教師不宜用口訣：時刻－時刻＝時間（量）、時刻＋時間（量）＝時刻、時刻－時間（量）＝時刻來教學，時刻是不能做加、減等運算的。因此，這些時間應用問題的橫式列式、直式求解，使用的時間正式單位是日、時、分、秒等「數學用語」；若能在學童的腦袋中，藉由「時間數線／時間軸」讓時刻或時間（量）能夠靈活轉換是十分重要的。

　　本章分析了整數加減與加減互逆、整數乘除與乘除互逆、整數四則併式與列式、等值分數與擴約分、時間用語與概念等的學童學習困難，以及認知發展教學設計；教師們應可體認重視學童數學認知發展的教學設計，會幫助學童「學的順、學的好」，對數學知識有概念性的理解，絕對比機械性的記憶來的重要，它才能學習持久且遷移！教師們只要多看一些跟數學教材或教法相關的資料，再配合了解學童的學習反應，一定能在數學認知發展部分有所精進！

# 3

# 數學的思維加強篇
## 探究教學

數學素養的二個要素「數學的思維」和「生活的應用」，怎樣可以更深度的在教學中實施？想要二者同時並等量兼顧的數學教學，筆者覺得沒有適合的教學模型可推薦。若教師想實施思維為主、應用為輔的教學，又期盼不是很複雜難以實施，我個人認為「探究教學」是值得嘗試的，也是本篇欲探討的重點。若教師想實施應用為主、思維為輔的教學，毋庸置疑「繪本教學」一定排在首位，它將會在下一篇再來介紹。

十二年國教課程總綱強調「學生為本位、尊重個別差異、鼓勵探索學習、培養問題解決能力」外，「實作」、「探究」更是教與學強調的重點。一般數學教學必須考量學童舊經驗到新經驗的發展、具體活動到抽象概念的提升、數學概念和生活情境的關聯；所以，落實學生為中心的教學，在教學歷程中讓學生自主學習，發展探究氛圍和討論文化相當重要。但若以課本布題進行解題、發表、討論的樣態，不能說沒有探究的一點成分；然而本篇介紹的探究教學模式，可以深層地展現學生為中心的教學，並培養學童的數學素養。

## 探究教學的意義與價值

探究教學對學童的學習，尤其是數學學習有什麼益處？探究教學常出現於自然科學領域，但近二、三十年數學領域也開始重視。因為，以學生為中心的數學教學已被倡導許久，怎樣可以讓學童自主參與和學習新知、自發蒐集和分析資訊、自動思辨和討論想法，這些都有可能透過探究的教學模型而達成。筆者考量探究教學在教學現場的可行性，認為以一節課來設計最可行，並融入有系統的數學單元中實施最佳。以下將談談探究是什麼？在教學中又如何？有哪些教學模型？對學童有哪些助益？

## 探究內涵與教學重點

　　早期希臘哲學家蘇格拉底的「辯詰法」（Socratic method），又稱「產婆法」（maieutics），就是探究的類型之一，認為知識是一種發現，強調引出和誘發，讓學童自行發現真知識，重視的是思考的過程，以及孕育出的各種概念。探究就是尋找問題和解決問題的過程，也是一種思考的方式、尋找資料的過程、了解事物的過程。根據美國國家科學教育標準（NRC, 1996），認為探究是一種多方面的活動，其中包括觀察、提出問題，從實驗、書籍和其他各種資訊來源中得到證據，用工具方法去蒐集、分析及解釋資料、解答問題、說明及預測，並與別人交流結果、對假設進行鑑別、運用批判和邏輯思維，並考慮其他可供選擇的解釋。因此，良好的教材是不夠的，學生還需要親自建構自己的知識，透過提出問題及探究進行自己的實驗，並能分析及和同儕溝通他們的發現；此外，學生也需要從具體到抽象的思路發展，重新考慮他們的假設，然後重試實驗和解題（NCTM, 1991; NRC, 1996; Rosenshine, 1995）。從數學學習來看，教學要考慮數、量、形等不同教材的認知發展，配合近側發展區（Zone of Proximal Development, ZPD）安排；學童透過溝通和討論來建構知識，他們也要能尋找資料、提出問題、思考辯證、分析解釋、解決問題等。

　　對大部分的人而言，最好的學習方式是透過親身體驗，將新信息與他們已經相信或知道的做連結（AAAS, 1993）。從數學教育的觀點，數學教學專業標準（Professional Standards for Teaching Mathematics）指出：探究是學生學習數學概念及知識的最重要的脈絡之一，包括了探索（exploring）、臆測（conjecturing）、邏輯推理（reasoning logically）和評估某個想法是否合理（evaluating whether something makes sense or not），探究的教學觀點被認為是有效促進學生對數學的理解和數學思維的發展（NCTM, 1991）。McNeal 與 Simon（2000）指出，數學探究是一系列的過程，包含：探索觀念和關係、創造和驗證猜想、透過創造和檢驗

論證、辨證這個猜想。上述這些改革取向的教學，不但滿足 NCTM（1989, 2000）的主張，同時也說明目前對於數學教學的觀點，已經從接受知識，轉向為探究知識。

## 探究教學模型的剖析

探究教學是教師藉由活動設計，來發展學生的知識和理解科學的想法，就如同理解科學家是如何研究自然世界（NRC, 1996）。在教學過程中，由教師布置學習的環境，引導學生發現問題、認識問題，並解決問題，而學生為了解決問題而提出猜想或假設、擬訂計畫與解決策略、蒐集資料並加以檢驗、分析、獲得結論，在解決問題的過程中，同時經歷了探究。因此在探究教學中，探究是學習的中心，教師不能只採單一的教學方式；探究的問題必須是由學生生活經驗產生的真實性問題進行探究；在探究的學習活動中，學生必須參與其中以發展知識，了解科學概念；而教師在探究教學中必須能夠設計探究教學活動、引導學生、評量學生、掌握與提供學習環境、建構學習社群、規劃課程（Anderson, 2002）。所以，探究教學是指教師透過引導，讓學生從主動參與探究到發現問題，並在尋找答案的過程中，培養學生解決問題能力的教學活動。

根據 Suchman（1961）的理論，探究教學的原則為：(1) 學生因面臨困惑的問題而產生探究的動機；(2) 主動蒐集資料，構思解決問題的態度；(3) 教師必須指導學生認清問題；(4) 教師應該指導學生探究的過程；(5) 探究所重視的是方法及過程的訓練，教學必須是靈活有彈性的。因此，有很多探究教學的模型被發展出來，比較常見的有：Karplus 與 Their（1967）由 Piaget 的認知發展理論所研發出來的三階段學習環（Learning Cycle），Lawson（1989）將此三階段學習環的探索、發明和發現修正為探索（exploration）、概念介紹（concept introduction）、概念應用（concept application）。Bybee 與 Landes（1988）所發展出的 5E 學習環教學模式，包括參與（engagement）、探索（exploration）、解釋（explanation）、精

緻化（elaboration）、評鑑（evaluation）。White 與 Gunstone（1992）所提出預測（prediction）、觀察（observation）、解釋（explanation）的 POE 教學策略。Siegel、Borasi 與 Fonzi（1998）所提出：準備和聚焦（setting the stage and focusing）、執行探究（carrying out the inquiry）、綜合和溝通（synthesizing and communicating）、評估和延伸（taking stock and looking ahead）的四個階段探究環（inquiry cycle）。Speer（2003）認為數學應該是經由探究的過程來進行學習和發展的學科，透過探索（exploration）、創造（invention）、擴展（expansion）的三個階段探究環，強調合作學習是活動的基礎。這些模型的內涵，不外乎包括問題的產生、探究與解題、延伸與應用。Champan（2007）則提出引入、探索、分享與討論、結論階段的四階段循環模式。

在數學課程中進行探究教學，教師和學生都有其角色和任務，Jarrett（1997）就指出數學探究教室中教師工作為：(1) 創造一個豐富的學習環境；(2) 釐清學生將研究的重要概念；(3) 計畫此項探究教學；(4) 呈現此項探究教學；(5) 讓學生能在探究活動中聚焦；(6) 開始且規劃主持討論的過程；(7) 要求鼓勵與探索問題，在恰當的時候追蹤學生不同的意見和問題；(8) 引導學生讓他們能學習到課程的核心內容；(9) 讓學生有機會能藉由發表來呈現他們的學習成果。而數學探究教室中學生工作是：(1) 提供探究研究的計畫；(2) 觀察和探索；(3) 進行實驗和解決問題；(4) 能團體合作也能獨立作業；(5) 有邏輯地合理解釋、提出問題；(6) 與同儕和教師論辯；(7) 討論他們的觀點，以及共同合作發展想法與知識；(8) 做合理的論辯和建構解釋；(9) 測試他們的假說；(10) 討論他們的發現；(11) 與同儕和教師反映回饋；(12) 思考不同的解釋方法；(13) 再嘗試實驗、問題和計畫。總之，教師的角色重在引發和促動，學生的角色重在發現和驗證。

根據教師、學生對探究步驟或內容的重要內涵，前述六個探究模式的比較（鍾靜，2015）如下表：

**表 3-1：探究模型的內容分析表**

| | | Karplus 與 Their 三階段學習環 | Bybee 與 Landes 5E 學習環 | White 與 Gunstone POE 教學策略 | Siegel 等人 四階段探究環 | Speer 三階段探究環 | Chapman 四階段探究 |
|---|---|---|---|---|---|---|---|
| 教師部分 | 安排適合探究題目 | ◎ | ◎ | ◎ | ◎ | ◎ | ◎ |
| | 了解學生先備知識 | | | | | ◎ | ◎ |
| | 說明探究任務程序 | | | | ◎ | | ◎ |
| | 新舊概念連結 | | ◎ | | | ◎ | |
| | 教師發問引導學生 | ◎ | | ◎ | ◎ | | ◎ |
| | 形成更完整概念、正式定義 | ◎ | ◎ | | | | ◎ |
| 學生部分 | 探索操弄 | ◎ | ◎ | ◎ | ◎ | ◎ | ◎ |
| | 合作討論 | ◎ | | | ◎ | | ◎ |
| | 解決問題 | ◎ | ◎ | ◎ | ◎ | | ◎ |
| | 解釋發表 | ◎ | ◎ | ◎ | ◎ | | ◎ |
| | 驗證假設 | | ◎ | ◎ | | ◎ | |
| | 形成結論 | ◎ | | | | | ◎ |
| | 延伸概念應用於新情境 | ◎ | ◎ | | ◎ | ◎ | ◎ |
| | 自我評估探究歷程 | | ◎ | | ◎ | | ◎ |

　　由此比較分析，更可確認 Chapman（2007）的四階段探究模式，以舊經驗為學生探究發現新知識的基礎，在探究的過程中，教師給予適度的提示及引導、協助學生自己主動發現知識概念，並透過同儕互動的討論、建構屬於個人的知識，最後由教師帶領學生進行總結概念、統整結論。這與多年前推廣的討論式教學（鍾靜，2005），進行一般數學問題的解題、發表和討論，在流程上頗為相似；但數學探究更強調有深度或厚度的主探究問題設計，師生在不同階段有不同活動，主要在促使數學概念由學生主動

發展出來，這是適合在小學數學課室使用的探究模式。

## 探究教學與學生學習

探究教學模式依其開放程度，最低的是食譜式探究、最高的是開放式探究；探究層次的開放程度與教學活動（Colburn, 2000）如下表：

**表 3-2：探究層次的開放程度與教學活動**

| 探究教學模式 | 開放程度 | 教學活動 |
|---|---|---|
| 食譜式探究（cookbook activities） | 低 | 教師提供學生動手做的問題使其進行探索，探索的問題、過程、方法與所需材料都經過設計與安排，並將預期的研究結果告知學生。學生知道該做什麼觀察、蒐集什麼資料與數據，只要學生按部就班的進行，將可得到預期的答案。 |
| 結構性探究（structured inquiry） | | 教師提供學生動手做的問題使其進行探索，探索的問題、過程與所需材料都經過設計與安排。此類型的探究不將預期的研究結果告知學生，也不限定學生使用的方法，學生需要從變量間的關係或從蒐集到的數據進行推論。 |
| 引導式探究（guided inquiry） | | 教師僅提供學生動手做的研究問題與研究材料供學生進行探索，學生可自行設計不同的探索過程、方法以解決問題及獲得推論結果。 |
| 開放式探究（open inquiry） | 高 | 學生可自行形成研究問題，或從教師給定的探究過程中自己形成新的探究問題，進行深入的探索過程，研究結果並未預先知道。 |

筆者認為數學單元是有系統性、層次性、脈絡性的教材和學習內容，從單元教學的實務面來考量，融入一節課的探究教學最為恰當；這樣可透過探究階段促使教師的適當引導、學生的探究歷程。因此，「食譜式探究」過程被規範、「開放式探究」目標不一致，都不適合數學進行探究學習。所以，教師僅提供學生動手做的研究問題與研究材料，學生進行探索且自行設計不同的探索過程、方法以解決問題及獲得推論結果；由教師提

問引發、學生探索分享的「引導式探究」最適合數學教學現場。教師提供學生動手做的問題讓他們進行探索，但探索的問題、過程與所需材料，都經過設計與安排的「結構式探究」，可視數學教材或活動內容採用之。

　　針對 Chapman 四階段探究循環，林勇吉（2009）提出類似此四階段的師生活動，如下表。在此，數學探究教學之師生活動，具體地說明在各階段要如何到位，而不是一般地認為只要有解題、討論、發表和結論的過程就是探究。

**表 3-3：數學探究教學之師生活動**

| 階段 | 教師活動 | 學生活動 | |
|---|---|---|---|
| 1.準備與聚焦 | 1. 挑戰學生的原始想法，點燃學生的興趣並聚焦在值得討論的議題。<br>2. 透過教師介紹任務，喚起學生的初始想法與探究主題之知識。<br>3. 清楚表達探究目標。 | 1. 學生回想過去的先備經驗與學習經驗。<br>2. 學生參與開放式的探究任務之中。 | 真實問題 |
| 2.執行 | 1. 精心引導並幫助個人／小組／全班學生進行探究工作。<br>2. 回應學生在探究時的需求，如提供學生不同的思維方式。 | 1. 學生開始臆測、分析、推理與試驗等探究行為。<br>2. 獲得探究後的初步結果（過程中可以與小組／全班討論）。 | |
| 3.綜合和溝通 | 1. 給予學生機會，分享探究結果。<br>2. 學生在與他人溝通探究結果時，引導並幫助他分享。<br>3. 適時引導或幫助學生做結論（可使用閱讀文章或讀教科書等策略）。 | 1. 持續與他人討論，藉由相互辨證、論證的過程，獲得較精緻結果。<br>2. 學生必須學習如何闡述自己的想法（如運用表格、圖形、證明等），與回應他人的意見。 | |
| 4.評估和延伸 | 1. 與學生討論探究過程與所習得的數學知識。<br>2. 清楚說明重要的探究結果和意義。<br>3. 藉由評鑑學生的探究，幫助學生精進下次的探究。 | 1. 學生必須反思這整個探究的過程與確認在探究過程中所獲得的數學知識。<br>2. 依據反思，可能形成新的探究問題，開啟下一個新的探究循環。 | 數學模型 |

　　探究教學模型一般都有階段的安排，教師僅提供學生主探究問題或動手做的研究問題，以及研究材料供學生進行探索；在探究各階段的過程中，教師以不同重點的關鍵提問、適度的提示及引導，協助學生自己主動發現知識，以解決問題及獲得結果，並透過同儕互動的討論，建構知識與概念。透過探究不同階段的引導，可促使學生在解決問題的過程中，自己主動探索、發現、分享，藉由同儕討論、質疑、辯證來探索問題；教師在不同階段的提醒，不是提供和解題有關的訊息，而是引導學生去嘗試、分析、比較，讓學生能深入或擴展問題的思考，並學會有系統、有結構、多元的方法將探究結果加以總結。

## 四階段探究的教學設計

　　探究教學可以培養學生主動解決數學的任務或議題，在探究的不同階段中，透過尋找資料、提出問題、發表討論、思考辯證、分析解釋、形成結論等，經由探究歷程中的個人獨思、小組討論、全班溝通，來建構數學概念或知識。本節將聚焦在 Chapman 四階段探究模式的理論介紹和實施探討。

### 四階段探究教學的理論

　　探究就是尋找問題和解決問題的過程，也是一種思考的方式、尋找資料的過程、了解事物的過程。探究是包含提出問題、推想及測試多種選擇、批判的評估結果，再經過改正及重新試驗新資訊的觀點（Barnett, 1998）。因此，良好的教材是不夠的，學生還需要親自建構自己的知識，透過提出問題、探究進行自己的實驗，並能分析及和同儕溝通他們的發現。Bruner 認為探究之所以重要，是因為教學不在增加某一學科的知識，而在使學生為自己而學習，求知是一個過程而非成果，學生並非只是知識的接受者，而且應該是主動的探索者；探究是指由學生主動去探尋，並尋

求解決問題的過程（引自林寶山，1998）。NRC（1996）指出探究教學是教師藉由活動設計，來發展學生的知識和理解科學（數學）的想法；在教學過程中，由教師布置學習的環境，引導學生發現問題、認識問題、解決問題，而學生為了解決問題而提出猜想或假設、擬訂計畫與解決策略、蒐集資料加以檢驗和分析、獲得結論，在解決問題的過程中，同時經歷了探究。

本文採用 Chapman（2007）四階段探究模式，包括引入、探索、分享與討論、結論階段。根據數學教學現場的實務和考量，探究教學的內容最好能和課本單元教學內容有關，而且針對其重要概念來設計一節課 40 分鐘的活動最佳。Chapman 針對中學職前數學教師使用探究教學，持續 4 年的縱向研究分析後提出四階段循環模式，詳細說明如下：

1. 引入階段（an introduction stage）：此階段重點在提出主探究問題，引發學生探究動機，確認任務的內容；了解學生的先備知識，複習相關的數學概念，以及解釋學生在問題情境中不明白之處。

2. 探索階段（an exploration stage）：此階段重點在引導學生探索問題；學生以教師提出的問題和提示完成小組間的工作任務。教師的提問或提示會促使學生去思考他們在做什麼或沒有注意到的地方。

3. 分享與討論階段（a sharing and discussion stage）：此階段重點在學生分享和說明探索的結果；學生發表他們的研究結果，教師引導討論，以確保學生學到的是教師希望學生了解的概念。

4. 結論階段（a conclusion stage）：此階段重點在指導學生總結探究到的概念、方法及關鍵想法；促使學生思考他們學到了什麼數學概念和總結什麼關鍵想法。

此四階段探究模式是以學生舊經驗為探究發現新知識的基礎，在探究的過程中，教師給予適度的提示及引導、協助學生自己主動發現知識概念，並透過同儕互動的討論、建構屬於個人的知識，最後由教師帶領學生進行總結概念、統整結論；探究歷程中強調數學主探究問題的設計，以及

各階段的關鍵提問。

配合引導式探究教學與 Chapman 數學探究模式的進行，必須設計好的「主探究問題」，以達成教學目標「探究主題」；透過四個不同的階段，教學流程須呈現教師和學生的任務，並對數學概念的發展有所鋪陳。同時，對應教學流程，教師應有關鍵性問話來協助或引導學生進行數學概念的探究。

## 一節探究教學的活動設計

數學教學的目的，不只是在協助學童們習得數學內容知識，例如：數與計算、量與實測、圖形與空間等，還要培養數學過程能力，例如：推理、溝通、評析等。數學即解決問題、數學即溝通、數學即推理、數學即連結；解決問題的策略、技能與概念是兒童在實際經驗中，由教師協助發展得來，過程中藉由彼此意見的流通來加強、澄清或修正自己的想法，並強調推理思考、猜測與驗證的程序，這些都與探究的精神相符合。在探究教室裡，學生透過推理、溝通、探索，並與同儕和教師共同合作探究性的活動，包含真實情境的問題和探究的工作任務，從中建構數學的意義（NCTM, 1991）。有意義的數學學習在於學生由被動認識到主動探究、由記憶模仿到思考推理、由接收知識到內化概念，藉由探究教學可培養學童達成此目標。

探究教學融入單元教學，進行一節課（40 分鐘）時，首先要考慮是放在第一節探討新概念，還是中間節探討延伸概念，或是放在最後一節綜合或應用相關概念；接著是確認該節的探究主題，即教學目標後，重頭戲就是「主探究問題」的設計。因此，該節課的進行是以「主探究問題」為核心，它除了要能引發學童探究的興趣或意願外，還要內容厚實到能深化或廣化所探討的數學概念，也必須具有一節課的學習內容或價值。當主探究問題確定後，就要按照四個階段的不同重點，來撰寫教學流程和關鍵性問話；教學流程就是教師、學生進行什麼活動或內容的描述，關鍵性問話

就是對應教學流程可促進學生探索的問話，這些問話的內容大都跟主探究問題有關，但不是提供解題線索，而是引導學童去嘗試、思考、歸納……等。探究教學簡案設計之表格如下表：

**表 3-4：探究教學簡案設計**

| 單元名稱 | 1. | | 教學節次 | 2. |
|---|---|---|---|---|
| 探究主題 | 3. | | | |
| 主探究問題 | 4. | | | |
| 教學內容 | | | | |
| 階段 | 教學流程 | | 關鍵性問話 | |
| 引入階段 | 5. | | 6. | |
| 探索階段 | 7. | | 8. | |
| 分享討論階段 | 9. | | 10. | |
| 結論階段 | 11. | | 12. | |

　　主探究問題是否厚實？不能單從問題的解題難易來看，還要看其能否藉關鍵性問話來深化或廣化問題，經由引入、探索、分享討論、結論等階段的進行，引導學生透過探究歷程來建構知識。

　　本節先以「理解概數的意義」（孫德蘭）為例來說明探究教學，它是首次教概數的第一個單元的第一節課，教師用了報紙提供的訊息，作為本節課在引入階段的主探究問題，如下：

2014 年各個主題樂園兒童節連假入園人數（如表）：

| 主題樂園兒童節連假入園人數 | | | | | |
|---|---|---|---|---|---|
| 主題樂園／項目 | 劍湖山世界 | 義大遊樂世界 | 六福村 | 小人國 | 麗寶樂園 |
| 兒童節 3 天連假促銷案 | 大人、小孩一律 299 元 | 12 歲以下兒童免費入園：4 月假日學生第 2 人免費 | 90 年 9 月後出生兒童免費入園 | 大人、小孩一律 399 元（促銷至 12/25） | 12 歲以下兒童穿著與叢林相關服裝，門票 100 元 |
| 3 天累計入園人數（人次） | 4.5 萬 | 近 4 萬 | 3.1 萬 | 2.35 萬 | 近 2 萬 |

資料來源：中時電子報 2014/4/7

1. 兒童節 3 天連假，這 5 個主題樂園累計入園人數分別是多少人？
2. 這 5 個主題樂園 3 天累計入園人數，人數由多排到少，你們會怎麼排？

　　這問題看起來很簡單，只要能從表單中讀取入園人數後，再將這五個數字：4.5 萬、近 4 萬、3.1 萬、2.35 萬、近 2 萬排序即可；殊不知這些數字就是引動學童探究什麼是「概數」的起源。教師藉由四個不同階段的關鍵問話，讓學童從主動探索中，了解「概數的意義」，並引出操作上找概數的需求。這樣的主探究問題能讓學童進行一節有意義的學習，它就是一個厚實，且能深化或廣化的問題。本案例在探索階段，教師最重要的關鍵性問話是「什麼是近 2 萬、近 4 萬？」開始引發學童思考和探索，但各組學童的想法不同，有的從字面去討論是「2 萬多一點、4 萬多一些」、有的認為「2 萬或 4 萬多一些、少一點都是」，還有從「數字 2 萬 0003、2 萬 0030、2 萬 0300、2 萬 3000……」去討論近 2 萬，甚至畫出有 3 萬、4 萬、5 萬的數線，在 3 萬和 5 萬之間討論近 4 萬的數字範圍。接著教師在分享討論階段，讓學童發表他們認為的「近 2 萬、近 4 萬」，並引導以數

線的表徵，來綜合大家的說法。此時自然的會有學童提出「3 萬 5000、4 萬 5000 接近幾萬？」教師此時可順著學童的需求，告知下節課就會教找概數的方法，並提出一關鍵性問話「4.5 萬、3.1 萬、2.35 萬是精確數，還是概數？」最後結論階段，學童在教師引導下的總結，一定能說出概數的意義，並對找概數的方法充滿期待。相較一般概數教學，教師透過一些生活中的數字說明這些是概數，就直接教導學童用四捨五入、無條件捨去、無條件進入法找概數，可能很多學童只知其然不知其所以然；從探究教學中產生的自主探索、主動參與，以及促動學童的發現、討論、分享等來認識概數，應該有意義、有素養多了！

　　再以「探討正方體展開圖的類型」（鄧玉芬）來說明在單元教學中的探究教學，它是正方體和長方體展開圖單元的第二節課，在引入階段的主探究問題「老師製作了一個特別的骰子，它可以方便攜帶與收藏；想一想，將一個正方體骰子剪開鋪平的結果，可能會有哪幾種形狀？」教師須藉關鍵性問話「你們知道特別的骰子是什麼形狀？」「正方體剪開鋪平的特徵有哪些？」等，讓學生確認任務的內容。教師在探索階段提供學童智慧片，配合正方體進行展開圖的探索和操作，重要的關鍵問話是「正方體的展開圖可能會有幾種？各組討論儘量找到不同的展開圖，並且畫在方格紙上，越多越好。」以及「要怎麼檢查你們畫出來的展開圖有沒有重複？」等。到了分享討論階段，教師以「你們找到哪些展開圖？怎麼確認沒有重複？怎麼確定已經沒有其他的展開圖？」來整合各組找到的展開圖，這 11 型的正方體展開圖通常須透過全班討論來產生；在此階段，還有一重要關鍵性問話：「這些展開圖可以怎麼分類？」教師引導學童觀察展開圖的規律，師生共同歸納為 1-4-1 型有 6 個、1-3-2 型有 3 個、2-2-2 型有 1 個、3-3 型有 1 個；若能同步察覺不能出現 L、田、凹字，也是有助於學童對正方體展開圖心像的掌握。至於結論階段，教師除了可請學生發表這堂課學到什麼外，還可藉「正方體展開圖一定會具備哪些條件？」「正方體展開圖有幾種形狀？可以怎麼分類？」等，協助學童可以判斷六

連塊中哪些是正方體的展開圖，並對展開圖與正方體的關聯有所了解，而非死記正方體展開圖的類型。

接著以「運用單位分數的概念解決生活問題」（胡詩菁）爲例，來說明將探究教學作爲分數教學延伸或擴展的設計，它是正式學分數符號單元的最後一節課。主探究問題是「小威和爸爸、媽媽與妹妹平分一個方型水果蛋糕，原本每個人拿到一樣多，但爸爸說：『我最近拉肚子，不能吃蛋糕。』便把自己那一份給了小威。妹妹看到後說：『我也想多吃一點。』小威又把爸爸給的那一份分一半給妹妹。小威多吃了幾個蛋糕？」教師在引入階段，複習「四人平分」的意義，並釐清題意；在探索階段發下正方形色紙，讓學童實際操作等分蛋糕，藉關鍵性問話「$\frac{1}{4}$ 個蛋糕如何平分給小威和妹妹？他們分到一樣多嗎？」「小威、妹妹又各多吃到幾個蛋糕？如何在色紙上標示出來？」到分享討論階段時，學童分別展示 $\frac{1}{4}$ 個、$\frac{1}{4}$ 個的一半；但「$\frac{1}{4}$ 個的一半」，學童會出現 $\frac{1}{2}$ 個、$\frac{1}{3}$ 個、$\frac{1}{5}$ 個的迷思概念，以及 $\frac{1}{8}$ 個的正確說法，教師以「哪一組的答案是正確的？還是都不正確？爲什麼？」引導學童思考和討論；最後教師從能看出 $\frac{1}{8}$ 個的學童發表、討論中，讓有迷思的學童知道「$\frac{1}{4}$ 個的一半」和「整體 1」的關係是 $\frac{1}{8}$ 個。在結論階段，教師引導學童說出課堂所學外，並協助澄清「小威多拿到 $\frac{1}{2}$ 個蛋糕？小威多拿到爸爸的一半？小威多拿到這個蛋糕的幾分之幾？」三者間的異同，進而強化部分量和整體量的關係。這個延伸和擴展的生活應用探究教學，看起來是有些超標，不是一次平分後的單位分數，而是 $\frac{1}{4}$ 個再平分；但配合色紙操作的探索活動，讓學童主動思考、發表、討論、分享，落實以學生爲中心的教學，學童也在

稍有挑戰性的探究活動中，更加理解部分量和整體量的關係和表徵。

本節提供了三年級分數、四年級概數、五年級展開圖共三個案例，它分別在單元教學的最後一節、第一節、中間節，藉此協助教師能了解、掌握探究教學的精神和作法。若教師想看到完整的案例和說明，可到「https://mathseed.ntue.edu.tw/」找到《國小數學探究教學的設計與實踐》專書（鍾靜主編，2014）詳閱，該書有一到六年級、不同主題的案例可供參考，共有 17 個案例；它是以一個有真實情境的主探究問題開始，進行引入、探索、分享與討論、結論等四階段的探究活動，透過教師的關鍵提問和教學安排，讓學童產生主動探究與思考，以及發表和討論，在過程中由教師引導學童深化或廣化數學概念。

## 四階段探究教學的實務

根據筆者跟成長工作坊教師們的現場互動與觀察，實施探究教學四階段模式要有成效，還必須對下面五點實務有所掌握或理解：

### 1. 主探究問題要有真實情境且內容厚實

探究教學必須設計具有真實情境的「主探究問題」，讓學生有興趣主動探索和發展概念；且須問題厚實，讓學生能深化概念或廣化知識。因為要發揮四個歷程不同的功能和目的，最少規劃教學時間為一節課來考量是不錯的。一個單元設計一節探究活動，一節中安排一個主探究問題；該問題經歷四階段的目的，不僅是在解題，也要學生主動建構相關的知識，以及習得多元解題的分析或統整。

### 2. 各階段中關鍵問話有加深加廣的引導作用

探究教學在一節課中經由四個階段的歷程，教師和學生有不同任務，藉由關鍵性問話，引導學生主動建構數學概念的發展。例如：利用報紙對兒童節入園人數報導的主探究問題，在引入階段學童產生排序的需求；在探索階段教師提問什麼是「近 2 萬」、「近 4 萬」，學生發展出不同的概數想法；在分享與討論階段教師從學生的發表引出概數概念，並請學生再

思考報導中的「2.35 萬」、「3.1 萬」、「4.5 萬」是精確數還是概數；最後在結論階段，學生能自行總結概數的意義及學到什麼。當然，關鍵問話不是在提示學生解題，而是增加主探究問題在一節課的價值。

**3. 探究教學與一般解題探究的差異**

一般數學課針對布題有討論及發表的教學，一節課通常可進行 3 到 5 題教學；主要從解題、討論、發表中澄清錯誤想法，並發展數學概念，以達成教師的教學目標；教學內容還是以各題引出的數學概念為主。但是，從解題、發表、討論的過程中，不能說沒有一點探究的味道。然而本文介紹的探究教學模式，從一個主探究問題開始，經過四階段的歷程，透過教師意圖加深、加廣的關鍵問話，學生不但解題也主動發展數學概念，將更能展現學生為中心的教學，並培養學童的數學素養。

**4. 探究教學與討論式教學的差異**

討論式教學主要根據社會建構主義所持之教學理念予以實踐，討論式數學教學有五個特點（鍾靜，2005），筆者認為最重要的一點是：不急著告訴學生答案，能容忍學生間討論數學問題時的吵雜，成為多傾聽、少打斷、高尊重、低控制的參與者。依實際教學型態和學生參與程度分為「儀式型」和「深究型」，儀式型的教學只有社會性互動的語言出現，同意不同意？有沒有補充？無法引發全班學生數學概念澄清和辯證，師生的互動仍以發表者為主；而深究型是全班同儕間的交互討論活動較多，學生會主動提問，涉及較多數學概念的質疑、辯證、澄清，發表時較會清楚地呈現數學概念，教師的角色在促進「反省」的活動，提問切入深層概念。通常討論式教學一節課可進行 3-5 題，其目的不同於探究教學，所以不能說數學課室中經過布題、小組解題、發表討論的教學就是探究教學，雖有些探究的味道。

**5. 探究教學與合作式教學的差異**

合作學習須具備五項基本要素，分別是積極正向的相互依賴關係、面對面的互動關係、個人績效責任、教導合作技巧、團體歷程。合作學習是

強調「同儕互助合作」的教學方式，將學習責任回歸給學生，因而大部分的學習任務都是以小組合作的型態進行，因此，在合作學習裡，能否促進學生學習的關鍵因素乃在於小組是否能達到同儕間的互助合作。但是，在數學課室實施合作學習必須考量優生不要取代差生的學習、組長不要是唯一的發言者、讓多元解題在小組或全班能產生，藉以發展或澄清數學概念。合作學習強調同儕互助合作，其目的也是讓學生為中心的數學教學到位；但顯然探究教學的目的不同於合作式教學，所以不能說數學課室中有分組、有小組合作的教學就是探究教學。

總之，在探究教學中，從主探究問題的引入，再經由探索、分享討論、結論等階段的進行，培養了學童合作學習、討論發表的能力；但是從嚴謹的教學模型來看，探究教學不等於合作學習，也不等於討論式教學。

## 小型探究活動的教學設計

教師在數學課室為了實踐學生為中心的教學，除了多實施課本布題有解題、發表、討論的一般探究，建立數學課室的討論文化外；若想要增強學童以「數學的思維」為核心的數學素養，當然四階段探究教學是不錯的選擇。數學素養教學也強調 4C 概念，就是溝通（communication）、批判思考（critical thinking）、創意思考（creativity）、合作（collaboration），一般探究只是解題、發表和討論，不容易在數學概念上加深加廣；而四階段探究雖可加深加廣，但須有配合情境設計的主探究問題，還須安排至少一節課實施。在這一般探究和四階段探究間，有沒有較簡單的探究活動設計，可讓學童產生主動思考、討論發表，並兼顧概念的延伸擴展，又能協助學童對數學有感的呢？筆者考量教學現場的實務和需求，特別研發10-20 分鐘的「小型探究」活動，本節將予以論述並介紹。

## 小型探究思考活動的定位

數學單元教學有明確的教學目標，通常以例題型態出現，包括教學題、操作題或引導題，還有相關的練習題。雖然「數學課好好教」也能培養出數學素養，但是必須落實以學生為中心的教學，否則核心素養的自主行動、溝通互動、社會參與，或是數學素養的內涵如何產生？對學童學習而言，數學單元中須有亮點，常態的教學步調要有一些變化，這樣可以激起學生在學習上的興趣；所以，小型探究活動就可扮演這亮點的角色，讓學童有創新、思考的挑戰機會，以及同儕、師生的互動討論。數學探究特別強調非結構性問題的重要，它在解決問題的歷程中，須藉數學的思考和方法來進行（Makar, 2012）。Kuster 等人（2018）分析很多學者的探究教學，歸納出四個原則：引發學生的推理、建立學生的貢獻、發展共享的理解、連結數學語言和符號。所以，根據探究教學的實施重點和原則，小型探究活動除了要設計不同於單元例題和練習題的思考性問題外，還需要安排學童進行發表、分享、討論，促使學童推理思考，以及建立數學新知；因它的題目較小型或單純，也不必經歷四階段，進行小型探究活動大概 10-15 分鐘就可；若能一單元一小型探究思考活動，長期下來對學童的數學素養培養一定大有助益！

## 小型探究活動的設計考量

小型探究活動的題目設計，是定調在課本例題和練習題的概念延伸或擴展，不是這個單元內容應安排的學習內容或操作活動；但跟這個單元學習的概念密切有關，可以運用這個單元所學來解題。這種小型探究活動，藉由略為跳躍的進階思考題型，促進學童有機會去靈活運用所學的數學知能，進而培養具有主動思考、社會溝通的數學素養；但切記在設計問題時，應確認不是難題或資優題，也不以答案開放為要，它也不是用來評量這個單元的概念或內容，例如：

**動動腦**

想想看，一盒蛋糕有 4 個，媽媽買了兩盒，共買了幾個蛋糕？說說看，你是怎麼知道的？

（出自一上第 6 單元 10 以內的加法）

此小型探究活動是要讓學童思考非併加型、添加型語意的加法情境問題，也可為二上要學的乘法問題暖身。

**思考帽** 配合附件13

想一想，做做看。怎麼用一張紙摺出 3 個直角？

（出自三上第 2 單元角與形狀）

此小型探究活動是要讓學童透過操作，從一張紙對摺後，沿著對摺線再對摺找出一個直角，擴展到找三個直角，幫助學童充分掌握找直角的特性。當學童沒有量角器、三角板時也能找到直角，作為生活中的工具。

**思考帽**

想一想，除了通分的方法外，還可以怎樣比較下面分數的大小呢？
① $\frac{12}{18}$ 和 $\frac{15}{30}$ ② $\frac{7}{8}$ 和 $\frac{17}{18}$ ③ $\frac{16}{15}$ 和 $\frac{13}{12}$

（出自五上第 6 單元擴分、約分和通分）

此小型探究活動是要讓學童解題要靈活，解決分數比大小的問題不是只有通分一途，利用參考點 $\frac{1}{2}$ 或 1 來比較就是很好的策略。

這些例子都是出自於十二年國教課程國小翰林版，在教師專用課本都會提供學童的可能作法，以及教師的關鍵提問。

## 小型探究思考活動的實施

這類在數學課室實施 10-15 分鐘的小型探究活動，教師須掌握二個要素：題目的設計、活動的實施，要讓學童感覺到題型有變化、內容有興趣，它可能是這個單元的綜合應用、延伸擴展，也可能是未來學習的墊步；藉此引發學童樂於挑戰、願意思考，並透過同儕和師生間的討論，增添數學課的學習興趣，以及培養學童數學的思維為主、生活的應用為輔。實施小型思考活動，主要是讓學童有靈活、主動的參與討論機會，教師應把握下列三點說明：

### 1. 小型探究是課程內容的微跳躍

此小型探究思考活動是課程內容的延伸或擴展、略為跳躍的進階思考問題；雖然跟單元內容有密切的關係，但不是直接相關，而是跟教學目標的例題和練習題有所區隔。教師們看待它，可看成單元內容的加深或加廣的思考探索問題，它是稍有挑戰性的題目，這種題目的解題和討論，對學童的數學素養培養大有助益。

### 2. 探究的互動討論比核對答案重要

學童在小型探究思考活動的探索，可能會產生不同的解題思考，也可能有誤；透過同儕和師生間的分享、討論、辯證，參與者可看到多元的解法，也能了解正確的答案或結果。所以，小型探究的解題和討論過程，遠比只重視答案的正確與否絕對要來的重要；教師也可藉解題探索、互動討論的歷程，來落實以學生為中心的教學。

### 3. 小型探究的內容不宜進行評量

小型探究的內容和課程內容雖然間接相關，但它是略為跳躍的進階思考問題。教師提供的小型探究思考問題，它的內容雖可靈活運用這個單元所學來進行探究，但將其用來評量會失去焦點，也限制了學童的思維和探

索。如果是課本的教學題進行一般探究或設計四階段探究，其相關內容當然可以拿來評量，然而筆者認為凡是延展或跳躍的探究問題都建議不要進行評量，只要進行的活動對學童的數學學習有意義就好。

## 探究教學實施的提醒

探究教學按題目內容的深度廣度、發表討論的時間規劃，以及學童對任務的挑戰程度，從本章的介紹中可知有三類：課本教學題的一般探究、內容略跳躍的小型探究、內容較厚實的四階段探究；不論哪種探究，針對問題的發表、討論都是重要的成分，小組合作則看解題需求而定。四階段探究教學通常在探索階段使用小組討論、在分享討論階段進行發表、討論、質疑和辯證，在結論階段也可能有發表、討論。這使得探究教學、合作學習、討論教學三者間確實互有關聯。本節先簡介討論式教學、合作學習的內涵和重點，以協助教師掌握它們的特點，也有助於和探究教學的區分；再來談談探究教學的一些注意事項和提示。

### 討論和合作與探究三者的區別

討論式教學主要是根據社會建構主義所持之教學理念予以實踐，它有以下幾個特點：(1) 創造學習數學的環境，促使學生建構數學知識；(2) 啟發（initiating）和引導（guiding）數學意義的協商，著重了解學生個人的數學意義，給予學生最佳的學習指導；(3) 布置問題情境，使學生了解現象，並促使學生將已有的具體活動經驗類型抽象化成抽象運思的題目；(4) 不急著告訴學生答案，能容忍同儕討論數學問題時的吵雜，成為多傾聽、少打斷、高尊重、低控制的參與者；(5) 討論時，要能導引思考的方向、促進反省的活動、提供深層思考的數學問題、處理程序性問題、適時地淡化或強化問題。進而依實際教學型態和學生參與程度分為「儀式型」和「深究型」（鍾靜，2005），儀式型的教學特質有社會性互動的語言出

現：同意不同意？有沒有補充？這樣的形式問話是無法引發全班學生數學概念澄清和辯證，師生間的互動仍以發表者爲主；而深究型的教學特質是全班同儕間的交互討論活動較多，學生會主動提問，涉及較多數學概念的質疑、辯證、澄清，發表較會清楚地呈現數學概念，教師的角色在於促進「反省」的活動，提問切入深層概念。

　　合作學習須具備五項基本要素，分別是 (1) 積極正向的相互依賴關係；(2) 面對面的互動關係；(3) 個人績效責任；(4) 教導合作技巧；(5) 團體歷程。合作學習是強調「同儕互助合作」的教學方式，將學習責任回歸給學生，因而大部分的學習任務都是以小組合作的型態進行，因此，在合作學習裡，能否促進學生學習的關鍵因素乃在於小組是否能達到「同儕互助合作」。但是，在數學課室實施合作學習必須考量優生不要取代差生的學習、組長不要是唯一的發言者、讓多元解題在小組或全班能產生，藉以發展或澄清數學概念，並提升學生的解題思維。合作學習應用在數學教學的可行方式（鍾靜、丁惠琪，2006）如下圖 3-1。

　　因爲討論式教學強調師生和生生間的社會互動，合作學習強調同儕互助合作；雖然其目的都是要使得以學生爲中心的數學教學到位，但是很多教師以爲經過布題、小組解題、發表討論的教學即是，甚至認爲有分組、有討論即可。本章從理論和實踐面來介紹探究教學，就是要突顯數學概念爲核心的重要性；而且在探究教學中，也培養了合作學習、討論發表的能力；但是，從嚴謹的教學模型來看，探究教學不等於合作學習，也不等於討論式教學。在教學現場，探究教學配合某數學單元，以某數學概念的加深或加廣來設計「主探究問題」，進行一節課的活動，在一學期中若實施 2-4 次的活動，可逐步培養學童解題、思考、合作、討論等能力，則有機會使得數學課室的學習氛圍有所翻轉，讓學童從被動接受知識到主動探究知識。

**圖 3-1：合作學習在數學教學的應用**

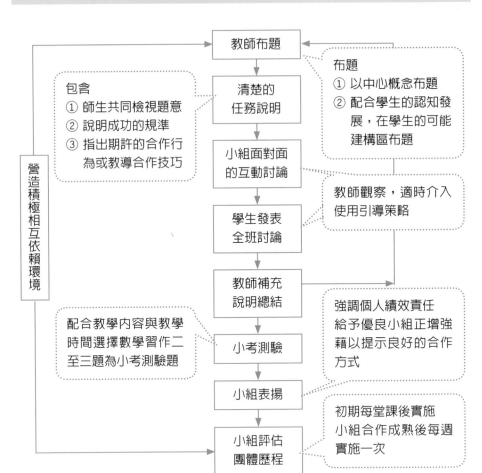

## 落實探究教學的具體作法

實施 Chapman（2007）探究模型要掌握數學模式、學習者探究模式、教師主導學生探究模式三者的了解，而且：(1) 數學模式是與數學概念及過程相關聯的；(2) 學生被視為是為了學習思考和發現數學模式而進行探究的角色；(3) 教師被視為促進者的角色，以支持學生成為探究者。因

此，教師使用探究方法的關鍵，在於數學信念、學生學習信念、數學和教學知識三者間關係，數學信念提供了教師何時和如何使用探究的方法的依據；學生的學習信念與探究式學習和數學信念有直接關係，教師如何運用他們的數學知識和教學知識，讓學生們能連結他們擁有的概念和探究式學習的方法程序。如果教師可以構建教師的數學、教學和學生這三者知識的相關，便可轉化探究式教學的理論成為真正實踐。

　　若要教師和學生之間持續不斷的產生互動，以促進學生的思維、探究和共享過程，則在此活動中必須有探究的氣氛。營造探究教學環境的幾種策略（Borasi, 1992）：(1) 使用真實生活中的複雜性問題；(2) 聚焦在明顯的不確定性及限制性的非傳統數學主題；(3) 使用錯誤來當作探究的出發點；(4) 創造模稜兩可及不一致性的教學情境來迫使學生探究、發問，鼓勵學生追求問題，並且讓他們對自己探究出的結果有一種獲得重視的感覺；(5) 利用閱讀活動來維持探究，並且教學生使用從教師外所獲得的資料來源，這將讓他們成為更為獨立的學習者、問題解決者，和批判思考者；(6) 給學生機會能反映他們探究的重要性；(7) 促進學生彼此交流。所以，教師要設計值得探究的好問題，讓學生在探究氛圍的好環境中進行。

　　教師執行探究教學，從知到行是需要做中學的，從 Inoue 與 Buczynski（2011）提出在實施中可能遭遇到的狀況（如表 3-4），可知這些絆腳石表示有些是困難、有些是意料中或意料外的事；教師先行了解有助實施的順暢。

**表 3-4：探究教學中可能遇到的各種絆腳石**

| 絆腳石的位置 | 絆腳石的類型 | 教師的反應 |
|---|---|---|
| 規劃探究過程 | 1. 有問題的問題設計<br><br>2. 不足的時間分配 | 1-1 教師在課堂中使用不良或發展不適當的探究問題或提問。<br>2-1 由於時間的關係，儘管有學生反應混亂或有可創造的教學機會出現，教師仍趕著進行教案中下一個計畫好的活動。 |

| 絆腳石的位置 | 絆腳石的類型 | 教師的反應 |
|---|---|---|
| 教師對學生發表訊息的反應 | 3. 意料之外的學生反應 | 3-1 教師未預見學生發表的訊息，不能給學生一個有意義的數學教學處理。 |
| | 4. 沒有學生反應 | 4-1 教師對學生的沉默，缺乏一個有意義的反應；或是學生在回答問題時，缺乏輸入的訊息。 |
| | 5. 與先備知識脫離 | 5-1 教師中斷課程和學生先備知識，企圖用經驗和知識來理解概念之間的連接。 |
| | 6. 忽視學生發表的訊息 | 6-1 學生在回答開放式問題時，教師忽略了學生發表的訊息。 |
| | 7. 貶低學生發表的訊息 | 7-1 教師以拒絕學生的建議、關閉他們理解問題的嘗試，來減少學生發表的訊息。 |
| | 8. 多樣化反應的錯誤操作 | 8-1 教師不知道在開放式問題中，學生的多元反應須如何有效或有意義地處理。 |
| 教師進行的探究教學課程 | 9. 主導問題 | 9-1 教師的提問未創造足夠的機會提供學習者探索概念，而是直接給學生答案。 |
| | 10. 過早引入新概念 | 10-1 教師急著介紹新的概念或符號，而沒有給予足夠的機會讓學生理解先前的內容。 |
| | 11. 未能建立溝通的橋梁 | 11-1 教師錯失時機，未有效地連接學生們在解決問題的活動或想法之間的討論。 |
| | 12. 教師權威的使用 | 12-1 教師使用權威來強加答案或策略，或者判定學生的答案或策略是對還是錯。 |
| | 13. 預先阻止學生的探索 | 13-1 教師提供了應由學生發現的主要結論。 |

簡言之，教師探究教學的題目設計、時間安排，學生的學習狀況、發表反應，還有提問、溝通，都須以學生為中心來處理；有此思維才能減少絆腳石的出現。

# 探究教學與活動的實例簡介

　　實施小型探究思考活動或四階段探究教學，二者都須有高層次思考的問題爲核心；但前者的問題較輕薄，僅需要安排 10-15 分鐘，後者的問題較厚實，需要安排一節課四個階段。它們的進行方式都要落實以學生爲中心的教學，來進行解題、發表、討論和辯證等；尤其四階段探究教學，教師須藉關鍵性提問來促進學童主動思考，達成不同階段的探索目的。還有，通常在單元教學目標爲基礎上，設計的延伸、進階或跳躍性探究思考問題，不宜用其內容作爲評量。

　　本節將先按一至五年級（六年級尚未研發），舉一些數、量、形等小型探究的實例來分享：

## 一年級「小型探究」實例

動動腦

看圖說一說，圈出答案並說出你的想法。

長針走 1 圈

爸爸可能在下午幾點開始做餅乾？

（　　下午 3 點　，　下午 5 點　）

（出自一上第 9 單元時間）

動動腦

想一想，同一枝叉子，為什麼用 ㄅ 和 ㄆ 來量，用到的個數不一樣？

（出自一下第 2 單元長度）

動動腦

有一個數，十位數字是 8，個位數字比 5 小，這個數可能是多少？

（出自一下第 4 單元 100 以內的數）

## 二年級「小型探究」實例

動動腦

皮皮將 65 ＋ 4 的直式計算寫成右圖。說說看，他這樣寫對嗎？

$$\begin{array}{r} 65 \\ +\;4 \\ \hline \end{array}$$

（出自二上第 2 單元二位數的加減法）

動動腦

$6 \times 5 = 30$，$6 \times 10 = 60$。想想看，$6 \times 15$ 的答案是多少呢？

（出自二上第 9 單元乘法（二））

動動腦

海象的懷孕時間是 1 年 4 個月，海豚的懷孕時間是 14 個月。哪一種動物的懷孕時間比較長？說一說，你是怎麼想的？

（出自二下第 8 單元年、月、日）

## 三年級「小型探究」實例

### 思考帽

老師請大家帶一包標示有 1 公斤的物品到學校。為什麼丹丹帶的比皮皮帶的輕？說一說你的想法。

1公斤　　600公克（1斤裝）

（出自三上第 7 單元公斤與公克）

### 思考帽

1 盒皮蛋有 6 顆、1 盒雞蛋有 8 顆，廚師拿了皮蛋和雞蛋各 10 顆來做雙色炒蛋。說說看，廚師是用了幾盒皮蛋？用了幾盒雞蛋？

（出自三下第 3 單元分數與加減）

### 思考帽

把你的五指併攏，放在紙上沿著手掌周圍描下來，再用平方公分板量量看，你的手掌面積大約比幾平方公分小？比幾平方公分大？大約是幾平方公分？

（出自三下第 9 單元面積）

## 四年級「小型探究」實例

思考帽

王老闆到郵局存款，他填了下圖的存款單：

| 存款金額 | 億 | 仟萬 | 佰萬 | 拾萬 | 萬 | 仟 | 佰 | 拾 | 元 |
|---|---|---|---|---|---|---|---|---|---|
| 新臺幣（小寫） | | | 1 | 0 | 0 | 0 | 0 | 0 | 0 |

1. 郵局人員用點鈔機數錢，一共數了多少張千元鈔票？
2. 郵局人員將 100 張千元鈔票束成 1 捆，1 捆是多少元？
   全部千元鈔票可以束成多少捆？

（出自四上第 1 單元一億以內的數）

思考帽

雪山隧道長 12.9 公里，隧道長在臺灣排名第一，在全世界排名第五。
12.9 公里是 12 公里和 0.9 公里合起來。
說一說，0.9 公里比 1000 公尺長？還是比 1000 公尺短？

（出自四上第 5 單元公里）

思考帽

丹丹從 6 月 21 日到 30 日這十天中，圈選了連續的三天，這三天的日期和是偶數。丹丹可能圈選了哪幾個日期？寫出兩種並說明你的理由。

| 6月 | | | | | 民國112年 | |
|---|---|---|---|---|---|---|
| 日 | 一 | 二 | 三 | 四 | 五 | 六 |
| | | | | 1 | 2 | 3 |
| 4 | 5 | 6 | 7 | 8 | 9 | 10 |
| 11 | 12 | 13 | 14 | 15 | 16 | 17 |
| 18 | 19 | 20 | 21 | 22 | 23 | 24 |
| 25 | 26 | 27 | 28 | 29 | 30 | |

（出自四下第 10 單元規律）

## 五年級「小型探究」實例

### 思考帽

美美用扣條做了一個長方形，
當扣條移動變成平行四邊形時，
面積會變大、變小或是不變？
說說看你是怎麼知道的？

（出自五上第 7 單元面積）

### 思考帽

甲班的近視比率是 $\frac{13}{25}$，乙班的近視比率是 $\frac{11}{20}$，如果兩班合併，合併後近視的比率是多少？皮皮算法：$\frac{13}{25} + \frac{11}{20} = \frac{52}{100} + \frac{55}{100} = \frac{107}{100}$，你覺得皮皮算得對不對？為什麼？

（出自五下第 8 單元比率與百分率）

### 思考帽

妮妮想寄4條手工皂給奶奶，手工皂的長、寬、高各是25公分、6公分和8公分，她找到一個內部長、寬、高各是30公分、20公分和10公分的收納盒，妮妮能將4條手工皂都裝進去嗎？

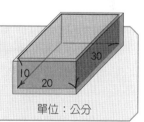

單位：公分

（出自五下第 9 單元容積）

　　這些問題都是引自十二年國教課程國小數學翰林版課本，考量該單元重要概念的擴展或延伸等，提供教師們參考；教師可以自行嘗試設計，設計的想法和考量可參考「小型探究活動的教學設計」一節。學童有機會每單元進行一題的小型探究活動，經過分享和討論，他們在數學的思維部分

必定到位或深入，有時也會觸及生活的應用。

接著將介紹在完整單元教學的節次中，設計一節課的四階段探究教學實例及教學，舉三個案例來分享：

## 案例一：「…比…多」、「…比…少」（陳玫均）

這是一年級「10 以內的減法」單元的最後一節，也是第 6 節活動四的延伸探究活動，設計理念是希望學生透過已學過的拿走型、比較型減法算式概念，延伸探究與解決「…比…多」、「…比…少」的情境問題。整個單元有四個活動，活動一：合起來是多少（共 2 節）；活動二：多多少、少多少（共 1 節）；活動三：減減看（共 2 節）；活動四：「…比…多」、「…比…少」（共 1 節，本節課）。針對「…比…多」、「…比…少」設計的主探究問題如下：

聖誕節到了！康橋小學準備用綠色、藍色和紅色燈泡布置大廳，這次聖誕節聖誕老公公給了能將大廳窗戶布置得最美的燈泡數量線索：
(1) 三種燈泡合起來總共有 10 顆。
(2) 藍色有 3 顆。
(3) 綠色燈泡比藍色燈泡多。
(4) 紅色燈泡比藍色燈泡少。
請用點點貼紙比一比，綠色和紅色各有幾顆？

教師提供的教學流程和關鍵問話，如下：

| 教學內容 | | | |
|---|---|---|---|
| 階段 | 教學流程 | 關鍵問話 | 時間 |
| 引入階段 | 1. 教師聖誕影片引起學習動機：（約 15 秒）https://www.youtube.com/watch?v=LM_2rngPtrI<br><br>2. 教師請學生觀察影片中聖誕老人村在聖誕節的裝飾。<br><br>3. 教師透過影片帶入情境題，複習比較型問題：聖誕節就要到了，康橋小學也決定要用彩色燈泡布置大廳窗戶。大廳的窗戶，大窗戶有 9 扇，小窗戶的數量比大窗戶少 3 扇，請問小窗戶有幾扇？<br><br>4. 教師請學生分享解題方法。<br><br>5. 透過情境題複習比較型題目後，教師帶入本次探究情境及探究問題：<br>【這次聖誕節聖誕老公公給了能將大廳窗戶布置得最美的燈泡數量線索：<br>(1) 三種燈泡合起來總共有 10 顆。<br>(2) 藍色有 3 顆。<br>(3) 綠色燈泡比藍色燈泡多。<br>(4) 紅色燈泡比藍色燈泡少。<br>請你幫忙想一想、找一找，綠色和紅色燈泡各有幾顆？】 | 2-1 聖誕老人村都用什麼來裝飾呢？<br><br>3-1 哪一種大小的窗戶比較多？<br>3-2 你是怎麼比的？<br><br><br><br>5-1 現在我們要解決什麼問題？<br>5-2 題目中有哪些重要線索可以幫助我們解決問題？ | 5' |
| 探索階段 | 1. 教師請學生以兩兩一組的方式進行討論，將找到的燈泡數量用點點貼紙記錄在學習單上。<br><br>2. 教師在行間巡視時，如果發現有學生在探究過程遇到困難時，適時提出提問，讓學生進一步探索思考。 | 2-1 從線索中已經知道顏色的燈泡有幾顆？<br>2-2 綠色比藍色多，綠色燈泡可能會是幾顆？<br>2-3 紅色比藍色少，紅色燈泡可能會是幾顆？ | 15' |

| | | |
|---|---|---|
| | 3. 教師進行行間巡視，確認學生找到綠色和紅色燈泡數量的過程、方法及過程中調整燈泡數量的原因。 | 3-1 你怎麼知道綠色（或紅色）燈泡要有幾顆？<br>3-2 你用什麼方法確認燈泡數量符合題目的線索呢？<br>3-3 你為什麼需要調整綠色（或紅色）燈泡的數量呢？ | |
| 分享討論階段 | 1. 請學生上台分享找到的燈泡數量。<br>2. 教師依據學生的回答，進一步提出問題，確認學生的想法。<br><u>學生可能回答</u><br>(1)<br><table><tr><td>綠色</td><td>○</td><td>○</td><td>○</td><td>○</td><td>○</td><td></td><td></td></tr><tr><td>藍色</td><td>○</td><td>○</td><td>○</td><td></td><td></td><td></td><td></td></tr><tr><td>紅色</td><td>○</td><td>○</td><td></td><td></td><td></td><td></td><td></td></tr></table><br>因為綠色要比藍色多，所以我們數一數藍色 3 顆，所以 4、5、6、7、8，所以貼了 5 顆綠色燈泡。剩下 9、10 我們就貼了紅色，所以紅色有 2 顆。<br>(2)<br><table><tr><td>綠色</td><td>○</td><td>○</td><td>○</td><td>○</td><td>○</td><td>○</td><td></td></tr><tr><td>藍色</td><td>○</td><td>○</td><td>○</td><td></td><td></td><td></td><td></td></tr><tr><td>紅色</td><td>○</td><td></td><td></td><td></td><td></td><td></td><td></td></tr></table><br>我們把綠色多了 1 顆，所以紅色這邊的 1 顆就要移到綠色，所以綠色就變 6 顆，紅色變 1 顆。<br>3. 教師請有不同燈泡數量組合方式的學生上台分享與說明。<br>4. 教師提出「4 顆也比 3 顆多」，請學生討論是否可以是這樣的燈泡數量方式。<br>5. 教師請學生上台操作黑板上的燈泡，進行說明。 | （教師依據學生發表重複下列 2-1 到 2-3 的關鍵提問。）<br>2-1 你怎麼找出綠色和紅色燈泡有幾顆？<br>2-2 燈泡數量有符合準備燈泡的線索嗎？<br>2-3 燈泡數量合起來有 10 顆嗎？<br><br><br><br><br>3-1 還有其他不同的組合方式嗎？<br>4-1 剛剛大家都說 5、6 比 3 個多，那 4 也比 3 多，所以綠色燈泡可以是 4 顆嗎？ | 15' |

| | | | |
|---|---|---|---|
| | 學生可能回答<br>綠色不能是 4 顆，因為這樣就要有 3 顆紅色，紅色就不會比藍色少。<br>6. 教師再提出「7 顆綠色燈泡，3 顆藍色燈泡，0 顆紅色燈泡」，請學生討論是否可以是這樣的燈泡數量方式。<br>7. 教師請學生上台操作黑板上的燈泡，進行說明。<br>學生可能回答<br>(1) 綠色燈泡不能是 7 顆，這樣就會沒有紅色燈泡。<br>(2) 如果綠色燈泡是 8 顆，就會超過 10 顆。 | 6-1 比藍色多的數量只有 4、5、6 嗎？<br>6-2 那可以是 7 顆、8 顆或是 9 顆綠色燈泡嗎？ | |
| 結論階段 | 1. 教師提出問題請學生思考並分享，找出兩種燈泡組合方式燈泡數量的變化。<br>學生可能回答<br>(1) 綠色變多時，紅色就要變少。<br>(2) 綠色從 5 顆變 6 顆時，要從紅色拿一顆補到綠色。<br>2. 教師透過提問進行本題探究題目結論：<br>(1) 教師帶領全班共同回顧燈泡數量線索：<br>　①三種燈泡合起來總共有 10 顆。<br>　②藍色有 3 顆。<br>　③綠色燈泡比藍色燈泡多。<br>　④紅色燈泡比藍色燈泡少。<br>(2) 教師帶領全班共同透過黑板記錄的表格確認本題的燈泡組合方法：<br>　①綠 6、藍 3、紅 1<br>　②綠 5、藍 3、紅 2<br>【本堂課結束】 | 1-1 當 3 種顏色燈泡共有 10 顆，而藍色固定只有 3 顆的時候，綠色燈泡和紅色燈泡的數量之間有什麼變化？ | 5' |

### 案例二：末幾位為零的整數除法（蔡佩汝）

　　這是五年級「乘法和除法」單元的第 6 節，它是最後一節課，但不是延伸活動；設計理念是透過除法直式中的位值及估商等舊經驗，理解簡化計算中去零的意義與餘數須補零的重要位值概念，能自然引出被除數與除數末幾位為零的簡化計算記錄方法。整個單元有五個活動，活動一：三、四位數 × 三位數（共 1 節）；活動二：末位為零的整數乘法（共 1 節）；活動三：四位數 ÷ 二位數（共 2 節）；活動四：三、四位數 ÷ 三位數（共 1 節）；活動五：末幾位為零的整數除法（共 1 節，本節課）。針對「末幾位為零的整數除法」設計的主探究問題如下：

過年到了，爸爸、媽媽各準備 80000 元要給爺爺、奶奶包紅包給晚輩，爸爸準備的是千元鈔，媽媽準備的是百元鈔。康康和橋橋幫爺爺奶奶將每 3000 元包成一包，並用算式記錄下來。

康康幫爺爺做的紀錄：　　　　　　　　　橋橋幫奶奶做的紀錄：

$$
\begin{array}{r}
26\phantom{0} \\
3\,\overline{)\,80} \\
6\phantom{0} \\
\hline
20 \\
18 \\
\hline
2
\end{array}
\qquad
\begin{array}{r}
26\phantom{00} \\
30\,\overline{)\,800} \\
60\phantom{0} \\
\hline
200 \\
180 \\
\hline
20
\end{array}
$$

一旁四年級的弟弟看完紀錄後說：「所以爺爺還剩下 2 元，奶奶剩下 20 元。」你認同嗎？說說看你的想法。

　　教師提供的教學流程和關鍵問話，如下：

| 教學內容 | | | |
|---|---|---|---|
| 階段 | 教學流程 | 關鍵問話 | 時間 |
| 引入階段 | 1. 教師以簡報引出探究問題：<br>【過年到了，爸爸、媽媽各準備 80000 元要給爺爺、奶奶包紅包給晚輩，爸爸準備的是千元鈔，媽媽準備的是百元鈔。康康和橋橋幫爺爺、奶奶將每 3000 元包成一包，並用算式記錄下來。<br><br>康康幫爺爺做的紀錄：　　橋橋幫奶奶做的紀錄：<br><br>$$3)\overline{80}\ \ 26 \quad 30)\overline{800}\ \ 26$$<br><br>一旁四年級的弟弟看完紀錄後說：「所以爺爺還剩下 2 元，奶奶剩下 20 元。」你認同嗎？說說看你的想法。】<br><br>2. 教師引導學生找出題目的關鍵點，若孩子無法一次表達完整資訊，教師繼續追問，並在投影片上標示出重點。<br>[學生可能回答]<br>(1) 我不認同，因為剩下來的錢應該不會是 2 元和 20 元。<br>(2) 爸爸準備的是千元鈔，媽媽準備的是百元鈔，所以不會剩下 2 元和 20 元。 | 2-1 你覺得這題是要我們解決什麼問題呢？<br>2-2 題目有哪些重要的訊息呢？爸爸和媽媽都準備了多少錢？爸爸準備的是什麼鈔票？媽媽準備的是什麼鈔票？ | 3' |
| 探索階段 | 1. 教師請學生四人小組進行討論，並邀請學生將自己的想法記錄在學習單上，以便在討論時向同儕分享自己的想法。教師進行組間的巡視，以了解學生的學習情況，並適時提出問題協助學生進行探究。<br>（教師行間巡視記錄學生不同的想法，作為選擇學生上台分享的參考。） | 1-1 說說看，你認同弟弟的說法嗎？<br>1-2 想想看，康康和橋橋為什麼會用這兩個算式來記錄呢？<br>1-3 康康和橋橋的紀錄代表什麼意義呢？ | 10' |

<table>
<tr><td rowspan="2">分享討論階段</td><td>

1. 教師依據學生的紀錄，請學生上台分享康康和橋橋紀錄的意義。

（教師展示學生學習單的想法，並適時邀請同學提問，促成學生間的對話與學習；或由教師進行提問，以協助學生澄清概念，並將自己的想法表述得更加清楚、精確。）

學生可能回答

(1) 這兩個算式記錄的不是有多少錢，而是在記錄有幾張鈔票。

(2) 第一個算式的意思是把 80 張千元鈔，每 3 張千元鈔包成一個紅包，一共可以包成 26 包，還剩下 2 張千元鈔，也就是剩下 2000 元。

(3) 第二個算式的意思是把 800 張百元鈔，每 30 張百元鈔包成一個紅包，一共可以包成 26 包，還剩下 20 張百元鈔，也一樣是剩下 2000 元。

</td><td>

1-1 說說看，康康和橋橋的紀錄是代表什麼意義呢？

1-2 第一個算式中的被除數 80 指的是什麼呢？除數 3 指的是什麼呢？你是怎麼知道的？

1-3 第一個算式中，商 26 指的是什麼？餘數 2 指的是剩下 2 個什麼呢？也可以說是剩下多少錢呢？

1-4 第二個算式中的被除數 800 指的是什麼呢？除數 30 指的是什麼呢？你是怎麼知道的？

第二個算式中，商 26 指的是什麼？餘數 20 指的是剩下 20 個什麼呢？也可以說是剩下多少錢呢？

</td><td>23'</td></tr>
<tr><td>

2. 教師引導學生比較兩個算式之間的異同與彼此間的關係，並透過提問，統整大家的想法。

學生可能回答

(1) 他們的商都是 26，表示他們都將紅包成 26 包。

(2) 因為這兩個算式記錄的不是一共多少錢，而是在記錄一共有幾張鈔票，和剩下幾張鈔票。第一個算式是在記錄千元鈔的包紅包方法，而第二個算式

</td><td>

2-1 這兩個除法算式中，只有哪裡是相同的呢？都是指什麼意思呢？

2-2 這兩個算式中只有商 26 是相同的，其他被除數、除數和餘數都不相同，為什麼卻都能代表將 80000 元每 3000 元包成一

</td><td></td></tr>
</table>

就是在記錄百元鈔的包紅包方法。所以他們雖然鈔票的張數不一樣，但金額是一樣的。

 (3) 被除數的部分指的就是 80000 元，因為 80 張千元鈔就是 80000 元，而 800 張百元鈔也是 80000 元。

 (4) 除數的部分指的就是 3000 元，因為 3 張千元鈔就是 3000 元，而 30 張百元鈔也是 3000 元。

3. 教師小結學生的想法後，再用板書引出班上學生的作法：【老師剛剛在小組討論中發現有些同學寫出了這個算式，大家想想看，這樣的記錄方式，也可以嗎？】

$$3000\overline{)80000}$$
$$\frac{6000}{20000}$$
$$\frac{18000}{2000}$$
商 26

4. 教師小結這三個算式雖然都不相同，但都可以表示相同的結果：80000 元紅包每 3000 元包成一包，可以包 26 包，剩下 2000 元。

5. 教師透過提問，請學生觀察這三個算式間的差異。

學生可能回答
每個數字中，0 的個數不一樣多，第一個算式中的 0 最少，第三個算式中的 0 最多。

6. 教師透過提問，讓學生思考這三種紀錄的異同，作為引入簡化計算的前導。

學生可能回答
(1) 第一種最簡單，因為零最少。
(2) 有可能會產生誤會，因為別人可能以為爺爺只準備 80 元，每個紅包只裝 3 元，最後剩下 2 元。

包，能包成 26 包，剩下 2000 元呢？

2-3 在這兩個算式中，哪一個部分指的是 80000 元呢？為什麼？

2-4 而在這兩個算式中，哪一個部分指的是每 3000 元包成一個紅包呢？

3-1 有人也是寫出這一種作法嗎？你的想法是什麼呢？

5-1 請觀察這三個除法直式中的數字，有什麼不同？

6-1 這三種記錄的方式，哪種最簡單呢？為什麼？

6-2 但是如果只讓別人看第一種算式，說是爺爺包紅包的紀錄，別人會不會產生誤會

呢？別人會怎麼想呢？

7. 教師透過說明，引出簡化計算的作法。
【我們想要簡便且能清楚表示出來的話，就可以透過除法的簡化計算，來將第一種算式和第三種算式結合，讓別人能看到爺爺和奶奶都是用 80000 元來包紅包，每 3000 元包成一包，而且可以不用寫出這麼多個零。】

8. 教師重新在白板上列出 80000 除以 3000 的除式紀錄，再用不同顏色的筆將被除數和除數的 3 個 0 劃掉，並透過提問再次確認學生是否理解以「千」為單位作為記錄的方法。

8-1 如果我們學習康康以「千」來思考的話，我們可以劃掉幾個零呢？

學生可能回答
要劃掉 3 個 0，因為他要記錄的就是幾個千。

9. 教師引入被除數和除數末幾位為 0 的簡化計算方法，並帶著全班一起逐步記錄簡化計算的過程，最後餘數寫下「2」之後，讓學生透過兩人小組與全班的對話討論餘數是否正確。

9-1 我們現在餘數是 2，你覺得我們已經算完了嗎？有沒有什麼問題呢？

9-2 餘數的 2 指的是什麼呢？是指 2 個什麼？我們現在要怎麼調整餘數才對？

$$\begin{array}{r} 26 \\ 3\cancel{000}\,)\overline{8\cancel{0000}} \\ \underline{6}\phantom{0} \\ 20 \\ \underline{18} \\ 2 \end{array}$$

學生可能回答
(1) 完成了，因為都已經算完了！
(2) 還沒完成！因為應該是剩下 2000 元，因為他說的是剩下 2 個 1000 元，不是 2 元，而且 2 是對齊在千位，是 2 個千的意思，所以應該要補上 3 個 0，寫成 2000 才對。

10. 教師請同學彼此再跟夥伴說明為何餘數的部分需要再補上 3 個零，將餘數寫成 2000 的理由，以再次確認學生已經掌握正確的概念。

學生可能回答

因為剩下的 2 是 2 張一千元的鈔票，也就是 2 個千，所以就算後面的 0 都畫掉了，也應該要補上 3 個 0，寫成 2000 才對。

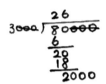

11. 教師請學生思考要如何將橋橋的想法，寫成簡化計算的記錄方式。

學生可能回答

橋橋是用幾個「百」來思考的，所以簡化計算時要把 80000 和 3000 都先劃掉兩個 0，再開始計算。

12. 教師請學生上台將橋橋的記錄方式以簡化計算來呈現，並請分享這個簡化計算紀錄的意義。

學生可能回答

(1) 我劃掉兩個 0，因為橋橋的紀錄是在記錄有幾張百元鈔，所以以百為單位來思考的。

(2) 餘數剩下了 20，是指剩下 20 張百元鈔，也就是 20 個百，所以要補上 2 個 0，餘數應該是 2000，就是剩下 2000 元的意思。

(3) 奶奶將 800 張一百元拿來包紅包，每 30 張一百元包成一包，能包 26 包紅包，剩下 20 張一百元的鈔票，就是剩下 2000 元。

10-1 請跟同學說一說，為麼我們需要在餘數 2 後面再補上 3 個零呢？

11-1 橋橋的的記錄方式，是以什麼當單位來思考的呢？我們可以怎麼替他寫成簡化計算的記錄方式呢？

12-1 你劃掉了幾個 0 呢？這樣的記錄方式是以什麼當單位來思考的呢？

12-2 而餘數最後剩下的 20 是指什麼？而你為什麼要補上 2 個 0 呢？

12-3 請你說說看從這個簡化計算的紀錄中，我們可以知道奶奶是怎麼包紅包、包給幾個人、剩下多少錢呢？

| | | | |
|---|---|---|---|
| | 13. 教師透過提問歸納整理簡化計算的重要原則：我們是將被除數和除數想成相同的單位，比方說都想成幾個千，再來計算，所以簡化計算時，是要「同時」劃掉一樣多的0，而且餘數也要記得對齊位值，並補上0。 | 13-1 我們做簡化計算的時候是怎麼想的，才能將被除數和除數的零畫掉呢？<br><br>13-2 進行簡化計算時還有哪些地方需要特別留意的呢？ | |
| 結論階段 | 1. 教師透過提問，讓學生回顧整堂課的重點，並在學習單上記錄反思與收穫。<br>2. 學生可能回答：除法的簡化計算就是把除數和被除數都同時想成幾個百、幾個千或是幾個萬，再進行計算，會比較簡便。但在餘數的部分要特別注意的是要補上0，因為剩下的是幾個百、還是幾個千、幾個萬，所以要對齊位值並把0補上，才會是正確的餘數。<br>【本堂課結束】 | 1-1 想想看，經過這一堂課後，你有什麼收穫和進步呢？你會怎麼解釋除法為什麼可以用這樣的方法進行簡化計算呢？而餘數部分又需要注意什麼呢？ | 4' |

## 案例三：相等的比（張菱喬）

這是六年級「比與比值」單元的第 2 節課，也是 8 節課中的活動二；設計理念是從製作果凍的經驗來引入，並認識相等的比，再讓學生體認記法，了解「比」是數量的倍數關係。整個單元有六個活動，活動一：比與比值（共 1 節）；活動二：相等的比（共 1 節，本節課）；活動三：再探相等的比（共 1 節）；活動四：比的應用（共 2 節）；活動五：成正比（共 2 節）；活動六：成正比的關係圖（共 1 節）。此節課的教學布題，參考國家教育研究院國民小學「比與比值」單元的素養教學案例（本書第一章有介紹），教學者設計的主探究問題如下：

　　小橋這學期的康橋 Time 主題為自製營養果凍，今天小橋在家想要製作口感軟硬適中的果凍，他在網路上找了四種配方（成品圖詳教案），請幫他找出哪一種是軟硬適中的配方呢？

| 四種果凍配方 | | | |
|---|---|---|---|
| 水 110 毫升 | 水 120 毫升 | 水 110 毫升 | 水 100 毫升 |
| 粉 20 公克 | 粉 20 公克 | 粉 10 公克 | 粉 20 公克 |

　　如果你準備了 500 毫升的水，家裡有 80 公克的果凍粉，你想將果凍粉全部用完，請問你要如何調配出相同配方的果凍？請說出你的想法。

　　　教師提供的教學流程和關鍵問話，如下：

| 教學內容 | | | |
|---|---|---|---|
| 階段 | 教學流程 | 關鍵問話 | 時間 |
| 引入階段 | 1. 教師引入主探究問題：<br>【小橋這學期的康橋 Time 主題為自製營養果凍，今天小橋在家想要製作口感軟硬適中的果凍，他在網路上找了四種配方，請幫他找出哪一種是軟硬適中的配方呢？】<br><br>**四種果凍配方**<br><br>水 110 毫升　水 120 毫升　水 110 毫升　水 100 毫升<br>粉 20 公克　粉 20 公克　粉 10 公克　粉 20 公克 | 1-1 果凍怎麼做呢？<br>1-2 有什麼重要的訊息呢？<br>1-3 你要解決什麼問題呢？<br>1-4 請你觀察這四個成品的外觀有什麼不同？<br>1-5 是什麼原因造成它們口感的軟硬不同呢？ | 2' |

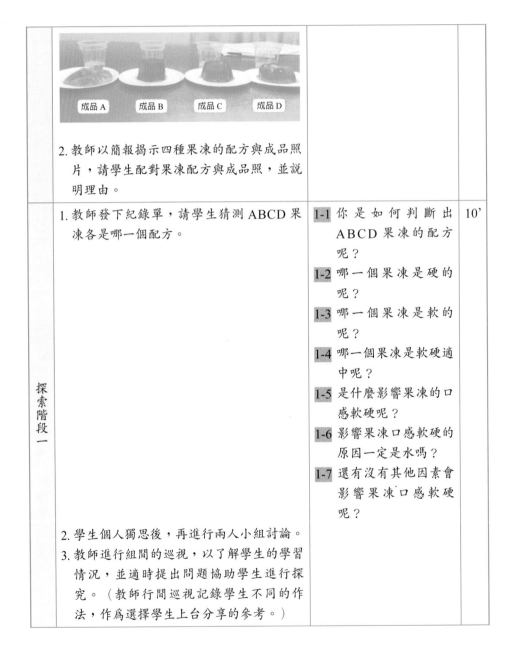

成品 A　　成品 B　　成品 C　　成品 D

| | | |
|---|---|---|
| 2. 教師以簡報揭示四種果凍的配方與成品照片，請學生配對果凍配方與成品照，並說明理由。 | | |
| 探索階段一 | 1. 教師發下紀錄單，請學生猜測 ABCD 果凍各是哪一個配方。 | 1-1 你是如何判斷出 ABCD 果凍的配方呢？<br>1-2 哪一個果凍是硬的呢？<br>1-3 哪一個果凍是軟的呢？<br>1-4 哪一個果凍是軟硬適中呢？<br>1-5 是什麼影響果凍的口感軟硬呢？<br>1-6 影響果凍口感軟硬的原因一定是水嗎？<br>1-7 還有沒有其他因素會影響果凍口感軟硬呢？ | 10’ |
| | 2. 學生個人獨思後，再進行兩人小組討論。<br>3. 教師進行組間的巡視，以了解學生的學習情況，並適時提出問題協助學生進行探究。（教師行間巡視記錄學生不同的作法，作為選擇學生上台分享的參考。） | | |

| | | | |
|---|---|---|---|
| 分享討論一 | 1. 教師請學生分享討論結果，並邀請其他同學分享不同的想法。<br><br>學生可能回答<br>(1) 用看的。<br>(2) 因為第二個配方果凍粉最少，水量和其他配方差不多，所以判斷第二個配方是 A 圖片。<br>(3) 先找出水最少、果凍粉最多的是 B，剩下兩個就是 C 和 D 再討論。<br>(4) C 和 D 的果凍粉一樣多，但 D 的水比較多，所以第三個配方應該是 C。<br><br>2. 教師根據學生發表，將果凍的配方寫在白板上。 | 1-1 大家同意這組的說法嗎？<br><br>1-2 其他組有不同的想法嗎？為什麼？ | 5' |
| 探索階段二 | 1. 教師確認軟硬適中的配方是什麼。<br><br>2. 學生舉手表達哪一個是軟硬適中的果凍配方。<br><br>3. 教師再次以簡報揭示主探究問題：<br>【如果你準備了 500 毫升的水，家裡有 80 公克的果凍粉，你想將果凍粉全部用完，請問你要如何調配出和 ABCD 相同配方（口感相同）的果凍？請說出你的想法。】<br><br>4. 教師請學生四人小組互相討論，寫在紀錄單上，並說明自己的看法。 | 1-1 A、B、C、D 配方哪一個符合軟硬適中呢？<br><br>2-1 為什麼你會認為這個配方軟硬適中呢？<br><br>3-1 如果要調配出相同配方（口感相同）的果凍，需要注意什麼呢？ | 10' |
| 分享討論二 | 1. 教師請學生分享討論結果，並邀請其他同學分享不同的想法，搭配實物投影機呈現學生的學習內容。<br><br>學生可能回答<br>(1) 80 除以 20 等於 4，所以水也要乘以 4。<br>(2) 先算出 C 配方的比值等於 5.5，再用 80 乘以 5.5，算出需要 440 公克的水。 | 1-1 請問哪幾組選擇 A 配方呢？<br><br>1-2 為什麼不選擇 A 配方呢？<br><br>1-3 請問哪幾組選擇 B 配方呢？<br><br>1-4 依據 B 配方，果凍粉 | 10' |

(3) 因為 $\dfrac{20}{100}=\dfrac{80}{X}$，X 等於 400，所以只需要 400 公克的水。

(4) 果凍粉：水＝20：100，因為要做出口感相同的果凍，所以要倒掉 100 公克的水。

(5) 先算出 D 配方的比值等於 6，再用 80 乘以 6，算出需要 480 公克的水。

80 公克，水要加多少毫升呢？

1-5 請問哪幾組選擇 C 配方呢？

1-6 根據 C 配方，果凍粉 80 公克，水要用多少毫升呢？

1-7 你是如何發現的呢？

1-8 請問哪幾組選擇 D 配方呢？

1-9 根據 D 配方，果凍粉 80 公克，水要用多少毫升呢？

1-10 你是如何發現的呢？

2. 教師依據學生調配果凍的配方，記錄在白板上。

3. 教師以 B 配方為例，說明：用 100 毫升的水配 20 公克果凍粉，做出來的果凍和 400 毫升的水配 80 公克的果凍粉，所做出的果凍軟硬度相同。

4. 教師在白板上統整三種配方的比，並請學生觀察左右兩個式子的比值是否相同，找出這兩者之間的差異。

4-1 用什麼符號表示這兩種果凍配方的關係呢？

4-2 這個「＝」是什麼意思呢？

|  | 水 | 果凍粉 |  | 水 | 果凍粉 |
|---|---|---|---|---|---|
| B 配方 | 100：20 | | ＝ | 400：80 | |
| C 配方 | 110：20 | | ＝ | 440：80 | |
| D 配方 | 120：20 | | ＝ | 480：80 | |

5. 其他如 C 或 D 配方的數量關係（等比）同上說明。

| | | | |
|---|---|---|---|
| 結論階段 | 1. 教師在白板上統整：比值相同的兩個比，稱兩個比爲「相等的比」。<br>2. 教師請學生分享本節課學習的內容。<br>3. 教師請學生舉出生活中其他「等比」的例子。<br>【本堂課結束】 | 2-1 這節課學到什麼呢？<br>3-1 生活中還有其他應用「相等的比」的例子嗎？ | 3' |

　　這三個案例分別在一個單元中的不同節課，案例一在第 6 節／活動四（本單元最後一節）是另加的延伸活動；案例二在第 6 節／活動五（本單元最後一節）；案例三在第 2 節／活動二（本單元共八節），可以提供教師們了解不同主題、不同時機，進行探究教學的主探究問題、關鍵提問在四階段扮演重要角色。這些案例是由鍾靜、楊美伶共同指導，可從《迎向 108 課綱：數學探究教學實踐與反思研討會手冊》（康橋國際學校新竹校區，2019）看到，這次研討會共演示 13 個案例，從一至六年級都至少各 2 例。楊美伶（2021）提到數學探究教學是以學生爲中心的教學，重視學習者在學習歷程中對學習所獲得的意義，主動投入參與學習，以增進學習的責任與效果；該校自 105 學年起推動數學探究教學，提供學生經歷發現知識、進行推理思考，來培養主動探究態度；教師們透過共同備課、觀課、議課，逐年發展教學設計，將以「一單元一探究」爲目標來發展校訂課程。

# 4

# 生活的應用實踐篇
## 繪本教學

數學素養的二個要素是「數學的思維」和「生活的應用」，學童要能很自然的接觸生活中的數學，數學繪本絕對是最佳的選擇。藉由數學繪本閱讀和討論的教學，學童從故事脈絡的數學情境中，大量接觸有生活情境的數學，也對數學概念有思考和應用的機會，學童的數學素養很容易的就被培養了。美國數學教師協會在 2000 年公布的《學校數學的原則和標準》也建議學生應該有更多的閱讀、寫作、討論，並在真實世界脈絡下學習數學；1989 年《學校數學課程和評鑑標準》也提倡在 K-8 教室要將兒童文學與數學整合，因為許多童書呈現有趣的數學問題和說明，以及主角們如何解決問題。透過童書，使閱讀為一種溝通的形式，學生在不同的文章脈絡中看到數學的存在（引自 Ward, 2005）。荷蘭的真實數學教育（Realistic Mathematics Education, RME）的「真實」觀念指出，學生能夠理解的情境不一定狹隘的限制在現實世界中，而是在學生心理能製造真實畫面的素材，這樣的情境脈絡雖然不見得是會真實發生的，但在學生腦中卻是真實的；並強調可以想像（to imagine）的重要性，只要學童知道青蛙有四條腿，探討三隻青蛙有幾條腿時，並非要拿真的青蛙進教室。數學繪本除了兼具繪本和數學二個元素外，它的故事或生活情境在學童心目中是真實的；因此，數學繪本是最具備數學素養的「生活的應用」，更可達成數學統整之外部連結，以及真實數學教育的水平數學化；在數學教學上有其價值和重要性。

## 數學繪本教學的定位與價值

數學繪本除了有圖文情境、數學概念二個元素外，它提供了很豐富的教學資源，也讓學童接觸有色彩、有變化、有溫度的數學學習。對學童而言，喜歡看圖畫書、聽故事是天性，若能藉由數學繪本來補充或充實學童的數學教材，改變只從課本、習作、參考書等學習數學的樣態，那真是學童們的福氣，學童藉此可以改變對數學的觀感，以及提升喜歡數學的態

度。我國一直在提倡深耕閱讀，希望培養學童「學以讀、讀以學」的能力，當學童學會閱讀數學繪本，能針對繪本中的數學事件進行探究，學童就有能力自行閱讀和思考，這樣他們就有機會擴展學校所學的數學知識。那麼，數學繪本有什麼特性？數學繪本教學又有什麼價值呢？

## 數學繪本的界定及簡介

繪本又稱圖畫書，通常以繪本稱之；英文為「picture books」，在日本也稱為「繪本」，指的是一種以圖畫為主，文字為輔，甚至完全沒有文字、全部都是圖畫的書籍。使用數學繪本的目的是要和數學教學產生關聯，因此以採用數學元素明顯的繪本為要。近年來，國內已有很多中文的數學繪本（數學圖畫書）。優良的數學繪本是圖文俱佳的圖畫書，它是文學作品，也是藝術作品，它可以提供兒童接觸數學的不同來源；但不能將有故事情境的數學問題集、有豐富圖示的數學小百科稱之，它們只是一種數學讀物。

數學繪本可分為：(1) 數數書（counting books）：加強數字與數量的連結的圖畫書，範圍從簡單到複雜，包括簡單數詞與圖案的配合、數詞或數字與物品的連結、加減、應用四種；(2) 概念書（concept books）：描繪一件物品、一類物品或一種抽象觀念的圖畫書，其範圍除了字母書和數數書外，包括了大小、重量、形狀、空間、感覺、時間、常見事物等認知概念，藉以提高孩子的知覺敏銳度以捕捉抽象概念，並促進認知發展；(3) 知識書（information books）：提供事實和知識的圖畫書，內容包括人體、動植物、食衣住行、天文、史地、數學、圖鑑等，此類書是打開孩子的智慧、汲取新知的寶典；(4) 圖畫故事書（picture story books）：以圖像為主敘說故事，描述故事中數學事件的圖畫書，內容相當廣泛，舉凡生活、歷史、科學、童話、神話、寓言等（Gailey, 1993；林敏宜，2000）。其中前三類圖畫書是直接呈現與數學相關的概念，最後一類的圖畫故事書是透過故事拓展認知性思考，數學概念隱含於故事之中。通常低、中年級

的學童較喜歡有故事性的圖畫故事書，加上具有數學知識，就是本文所稱的數學繪本。

目前國內中文的數學繪本很多，有以套書型態出現的，從學齡前、低年級、中年級到高年級的都有。信誼基金會《數學圖畫書》全套 10 本，例如：大家來畫月亮、綠豆村的綠豆、裘裘跟皮皮；光復書局《幼兒圖畫書》數學系列 10 本，例如：你一半我一半、國王的長壽麵、圓圓國和方方國；小天下《小老鼠愛數學》全套 10 本，例如：小老鼠大主意、朋友越多越快樂、小柏的沙灘計畫；啟思文化《數學童話》全套 16 本，例如：雞媽媽數小雞、五胞胎過生日、糊塗大將軍；聯經出版社《數學繪本》全套 20 本，例如：美味的馬鈴薯濃湯、蜘蛛與糖果店、公主來我家；臺灣麥克《Math Start 數學啟蒙》全套 40 本，例如：歐瑪莉家的畫記高手、私房藍莓派、灰熊特報；遠流出版社《魔數小子》全套 25 本，例如：義大利麵與肉丸子、地址不見了、呀！怪物別跟我；漢聲出版社《漢聲精選世界兒童數學叢書》全套 41 本，例如：零不只是沒有、看圖學數理、函數遊戲。單本型態出現的也不少，例如：上誼文化公司《好餓的毛毛蟲》、親子天下出版社《慌張先生》、道聲出版社《奶奶的時鐘》、國語日報《小圓圓和小方方》、大塊文化《鏡子裡的小孩》……等等。這些數學繪本套書或一些單本，大都是翻譯自美加和韓國，其中只有信誼、光復出版的學前繪本是本土作家和畫家的作品。國內就有學者開始關注此現象，嘗試進行二本兒童數學繪本開發與試用的研究（黃家緯、楊德清，2021），提出數學繪本中內文應符合適用年級、數學繪本內容須貼近生活情境、開發適合小學階段的數學繪本等反思與建議。目前，筆者已根據接觸數學繪本理論與實務的十多年經驗，組織幾位在國小有數學繪本教學多年經歷的教師，共同研發一至六年級的數學繪本當補充教材，例如：《愛的新衣》、《給我一半啦》、《露營好好玩》、《大角家族的聚會》……；十二年國教翰林版國小數學教科書每冊安排二篇「看繪本學數學」，選用這些國內自行研發和首創的數學繪本。

　　Schiro（1997）在其專書中提到，結合童書與數學的理由包含下列七項：(1) 幫助兒童學習數學概念與技能；(2) 提供兒童有意義的脈絡以學習數學；(3) 促進兒童發展並使用數學語言及溝通；(4) 幫助兒童學習數學的問題解決、推論與思考；(5) 提供兒童豐富的數學性質的觀點；(6) 提供兒童改善面對數學的態度；(7) 幫助兒童整合數學和文學學習。Schiro 並以其研究團隊中的教師 Joanne 之教學為例，說明當學生有下列作為時，學生便能如同數學家一樣的行動（acting as mathematicians）：(1) 尋找書中的數學；(2) 澄清數學的性質；(3) 檢驗數學的意義、合理、應用與解決方案；(4) 討論書籍如何適當的表達數學；(5) 設計一個計畫，或重寫故事以展演一齣戲劇，這樣他們可以將數學表達得更好。所以，數學繪本可以增加學童學習數學的來源，讓數學變得有趣、有用。

　　這些數學繪本以故事線或概念線為主軸，引發學童數學學習的特性。筆者將數學繪本的運用分為二個層次來推廣：其一是一般學校或班級指定的好書閱讀，不應只以語文類為主，至少 10 本中要有 2 本數學繪本或科普圖書；其二是教師運用數學繪本當補充教材，以繪本為核心進行一節課的教學，提供學童一些故事場景和數學事件，營造討論和思考數學的場域。國小學童的數學學習環境，若透過數學繪本當補充教材來接觸數學，可以大大改善學習數學的生硬和抽象，並可提升學童對數學的興趣，以及擴充他們對數學的認識。

## 數學繪本教學的功能及價值

　　數學有許多觀念是抽象的，讓很多學童害怕、不喜歡，也不願意主動親近。文學在數學教室有獨特的優勢，將數學概念或想法，以故事脈絡、圖片背景，或以更多非正式或學生熟知的語言來表達，也豐富了數學的教學和學習（Ward, 2005）。Franz 與 Pope 認為兒童文學能帶領兒童，破除長久以來在學校被認為是孤立的數學，引導學生了解數學應該是每天生活的一部分（引自 Kinniburgh & Byrd, 2008）。因此，數學繪本提供動人的

場景，讓學童感受到數學在我們的世界裡是存在的，它是提供學童接觸數學有用、有趣，與生活關聯的重要工具。Van de Walle 在《中小學數學科教材教法》（*Elementary and Middle School Mathematics*）（張英傑、周菊美譯，2005）中特別提到，兒童文學作品中能找到一些數學題材而成為重要的資源，因為學童周圍的故事可用來反應數學問題，而優良的兒童圖書也能幫助孩童了解數學概念。

Whitin 與 Wilde 認為數學繪本能成為提供有意義的學習數學脈絡的工具，能幫助學習者重視數學，鼓勵學習者解決數學問題，提供學童有意義脈絡的數學溝通，支持學習者以合理推論來探究各種數學的主題（引自Shatzer, 2008）。Kinniburgh 與 Byrd（2008）則指出將兒童文學作品整合於數學課程中，能讓數學課非常的生動；好的文學作品能創造積極的數學學習環境，也能在課堂中結合生活經驗；適合小學階段的圖畫書能有效提升、擴展讓學生感到抽象的數學概念。兒童文學研究者 Dorothy Strickland 認為透過圖畫書，無形中可以增進兒童觀察、分辨、分類、預測、組織、應用、表達及評斷等認知能力，不用刻意營造，兒童在閱讀的過程中自然增進其認知能力（引自黃迺毓等人，1994）。所以，數學繪本可透過其柔軟面，讓學童在接觸生硬的數學時，能夠擴大或經驗數學與生活的關聯，以及提升或擴展學童的數學知能。

進而，利用兒童圖畫書作為教學工具，除了可與兒童日常生活的經歷有關外，他們會自發的使用數學詞彙（Björklund & Palmér, 2020）；也可加強兒童數學的溝通能力，更有助於兒童對數學概念的了解，並提升解題的自信心（Martinez & Martinez, 2001）。教師在課堂中以多元的方式將圖畫書融入數學教學，當學生在聆聽、閱讀、書寫或者談論有關數學想法時，也發展了數學和語言技巧；兒童讀物讓閱讀連結了具體操作和抽象的活動（Gailey, 1993）；並能讓兒童在有意義的情境中使用並擴展數學知識（Jenner & Anderson, 2000）。整體而言，數學繪本有接近日常生活、溝通數學概念、增進數學認知等功能，具有以下七點的價值和特質（鍾靜，

2012a、2012b）：

### 1. 具有親和力且輕鬆的數學教材

數學繪本具有簡單易於閱讀的文字、鮮明引人注意的圖畫、豐富便於討論的場景及熟悉易於感受的經驗等，利用學童喜愛聽故事的天性，將數學與文學結合，使得數學繪本成爲具有親和力且較爲輕鬆的數學教材。

### 2. 加強數學概念溝通討論的工具

語言是兒童溝通的重要媒介，必須加強語言的技巧當作建構、表達和反思概念的工具。由學童最喜歡的故事中，提供有趣的情境布置，讓學童有機會接觸各式各樣的數學概念。

### 3. 連結數學概念和生活情境的教材

雖然生活中處處有數學，但是在數學課堂上的學習卻很少能眞實的和生活有關。透過數學繪本豐富的主題，取材與日常生活息息相關的內容，讓學童從閱讀中，體驗到數學相關的人、事、時、地、物，結合學童舊有的經驗來建立新的數學知識。

### 4. 提供傾聽、寫作及討論數學概念的機會

數學繪本不同主題有多樣的故事情節，不同的角色背景豐富了故事場景，不僅吸引學童閱讀與探其究竟的興趣，更提供故事情境或數學事件的討論機會。利用能引發數學概念的圖和文，可以讓教師或學童有機會說出數學，在這過程中傾聽和討論自然產生，數學寫作部分則可透過創作或撰寫心得發生。

### 5. 在有意義的情境中運用數學知識

數學繪本提供學童熟悉的生活情境脈絡，使其能與情境互動，從而掌握並運用所學的數學知識。由生活情境中引發的數學問題，讓學童從舊經驗中解題，從而進行討論與溝通，可使學童產生有意義的學習。

### 6. 改變學童對數學的看法

在學童心目中數學總是較不受歡迎的科目，究其原因不外是過於抽象、缺乏成就感，更是察覺不出與自身的關聯。圖畫繪本提供學童接觸數

學的不同來源，配合兒童喜愛看圖畫書及聽故事的天性，使用圖畫繪本進行數學教學，應可改變學童對數學的觀感及提升喜歡數學的態度。

### 7. 擴展學童的數學知識

數學繪本不同於一般數學教科書的情境題，它是以完整故事或主題來呈現某一數學問題，其中可能因應故事情境，改變了解決問題的方式，擴大了數學概念的發展。在數學繪本的閱讀或教學中，可能奠定了抽象數學的經驗，也可能學習到課本中未交待的部分。

總之，數學繪本讓天性喜愛故事的兒童，對於數學學習多了一種不同的選擇；除了透過圖畫書將數學概念與生活經驗結合，讓學童在有意義的情境中運用數學知識外，數學繪本在教學的現場上更提供學童討論的機會，且讓討論更為有趣而聚焦。如果教師能夠將數學繪本當作補充教材，融入相關的數學單元，讓學童感受到數學就在我們身邊，藉由繪本看得見、說得出，甚至摸得著，而且嘗試回應這些數學事件不覺困難，相信學童對數學的觀感會有改變。

## 數學繪本與其教學選用的探討

數學繪本的數學內容相當多元，幾乎都能歸屬在數與計算、量與實測、空間與形狀、關係（代數的前置概念）、資料與不確定性的主題範圍。有的數學內容和國小課程無關，例如：《裴利的滑板車》和《比零小，還有數喲！》介紹負數概念、《古羅馬人的數字》和《五進位》介紹不同於印度─阿拉伯計數系統和十進位的數概念，但都是學童課外閱讀或學校課後課程不錯的材料。有的數學內容和國小課程間接有關，例如：《小健的蔬菜》介紹各種測量工具、《怪物別跟我》探討七巧板的等積異形、《英制與公制的換算》關聯課程所學的公制單位和生活中的英制單位，它們可以讓學童增廣所學到的數學知識。至於和國小課程有關的數學繪本，配合學童的數學學習都是在某主題下，由一個一個的概念累積而

成；若考量將數學繪本當作單元教學的補充教材，我們可從十二年國教數學領域課綱的學習內容、九年一貫數學領域課程的分年細目，將數學繪本按數學組成成分分為三類：故事主導具概念點的繪本、故事主導具概念串的繪本，以及知識主導具小主題的繪本，幫助教師認識繪本並探討它們的重要內容。

數學繪本是以圖文為主訴求的文學性、藝術性作品，它不是數學教科書。所以，教師除了考慮數學內容和單元教材的銜接外，選用時還應注意什麼呢？

筆者彙整 Schiro（1997）提出優良兒童數學圖畫書應符合的十一項標準，以及 Burns（2010）認為選用數學圖畫故事書應考慮的五點因素，還有參考袁媛（2006）指出數學圖畫書融入教學活動應考量的十個向度，再加上一些教學現場的經驗，得出以下選用數學繪本的八個重點（鍾靜，2012b）在於：(1) 數學的概念或程序有效呈現；(2) 圖文可讓讀者看到數學；(3) 提供充足的資訊讓讀者探索數學；(4) 數學概念符合讀者心智發展；(5) 故事情節和數學相輔相成；(6) 支持讀者數學性思考和臆測；(7) 幫助讀者使用或應用數學；(8) 建立讀者對於數學和文學的鑑賞。除了這些選用原則外，教師尚須掌握數學繪本的數學組成成分，有助於規劃數學繪本教學活動，並做適當的教學安排。數學繪本可分成三類，以下將分別一一來介紹。

## 故事主導具概念點的繪本

這一類數學繪本有二個特色，整本具有同一故事情境和單一數學概念，以一個故事脈絡和某個數學概念點呈現；它們只會對應一條課綱的學習內容／分年細目，可深入該數學概念的探討，有利於數學課程的接軌，很適合想豐富學童數學學習的教師們選用。教師可和學童一起閱讀繪本故事、討論數學事件，讓學童認識在生活中可運用數學，並從關鍵提問中去思考數學。

這類數學繪本以故事情境配合「數學概念點」來呈現圖文，例如：

### 《大家來畫月亮》

透過一些個子從小到大的動物，分別用錢幣、碗盤、浴盆等畫出越來越大的月亮，接著大象也用鼻子噴水畫了一個好大的月亮，最後小老鼠也要畫一個更大的月亮呢！這本繪本雖是學前的繪本，但適合小學平面圖形單元中認識基本圖形（正方形、長方形、三角形、圓形）時，除了從課本上的圖示或圖卡認識圓，繪本故事呈現了生活中很多物件和圓形月亮的關聯，這對幾何發展處於視覺期的學童是認識圓很好的補充。

### 《哎，貓咪數不完》

繪本中，主角家裡的貓咪，從原本的一隻加上撿到的、隔壁託養的、迷路的、自己跑來的貓，一共養了 10 隻貓，還好愛貓的人也不少，他們幫這些貓咪找到了一些新主人，可是沒想到這期間小瑪又生了 4 隻可愛的貓寶寶，最後主角家經過努力安排還是回到原來的一隻貓。繪本透過貓咪數量的增增減減，探討的數學概念是添加／併加型和拿走型的十以內加減法，培養學生加減運算的基本能力，教師可藉繪本故事加強學童從情境中認識加法和減法的意義。

### 《女超人瑪蒂》

敘述一個很亂的房間裡有很多的東西，只有瑪蒂有辦法，她會處理很輕的玩具熊、很重的玩具火車，以及一些有輕有重的雜亂物品，幫它們整理好並找到收藏的地方。藉由繪本的故事探討，讓學童在學重量的直接比較時，認識生活中判斷物品輕重的方法，而且知道不能只看物品大小來決定輕重，這可充實重量教學中直接比較時，只利用兩手掂、天平比較的學習內容。

### 《小柏的沙灘計畫》

描述小老鼠小柏和姊姊小葵，因為住在大房子的人去海邊了，牠們想將沙池中的一個大碗裝滿水，請很多朋友來游泳。小柏用水桶裝水，跑了很多趟也只裝了一些水，小柏想跟小葵交換大桶子；但小葵倒水檢查，發現桶子一個高、一個寬，裝的水卻一樣多。小柏用了一個更高、更寬可以裝兩倍水的杯子，但用它裝水太重而摔倒地上，小葵建議用玩具卡車裝水，但操作沒有成功。牠們想到請很多好朋友帶桶子來幫忙，碗裡的水很快就裝滿了；最後，小柏請老鼠朋友坐上卡車，把大家直接倒進水裡，碗裡裝滿了水和老鼠。教師可藉此繪本的大碗、桶子和杯子，讓學童認識容量和容器的關係；並討論不同桶子、杯子等個別單位間，以及和較大容器大碗的關係。

### 《感情和睦好鄰居》

描述猴子一家人和大熊一家人的互動，牠們有什麼好東西都會互相分享。猴子和大熊撿到兩袋種子，決定一起在田地裡種植，牠們也跟森林裡的其他動物們分享收成。繪本透過長方形田地、圓形麵包、長條壽司捲、一盤餅乾等連續量或離散量情境，讓學童認識可用除法處理平分問題，或使用分數描述平分結果；其中，田地一半的一半、奇數個的一半、單位分數內容物多個，對初學分數者較難可以跟著故事解題，但對學過單位分數概念者可以加強討論。教師可藉繪本的情境鼓勵學童思考及解決平分問題，並體認分數在生活中是有用的，提升學習分數的主動性和興趣。

### 《檸檬汁大拍賣》

敘述俱樂部小屋需要修繕經費，四個孩子決定賣檸檬汁來籌款，目標是在一星期內每天賣出 30 或 40 杯檸檬汁。為了追蹤銷售成果，他們將每天的銷售量畫成了長條圖，也顯示著孩子們心情的起伏變化。教師可從故事情境和長條圖的變化，讓學童感受到視覺化表徵的優點，認識長條圖的

橫軸與縱軸標示外，還有縱軸標示間隔要等距但差不一定是 1、資料判讀和比較的討論，都可以幫助學童了解學習長條圖的目的，以及可利用長條圖解決生活中的問題。

　　數學繪本配合國小數學課程與教學進行研發，需要同時對繪本應有特色、概念易於銜接來考量，並不是非常容易的事。低年級的「深化數學概念」繪本系列，就是以一個數學概念點跟課本單元的內容接軌，適合低年級學童深入了解該概念，教師也可調整繪本使用順序，配合任何版本使用。繪本是最佳的數學教學補充材料，希望教師透過繪本的閱讀和討論，協助學童體驗生活中數學的存在和應用。目前數學繪本研發團隊共產出 8 本繪本，詳下表：

**表 4-1：低年級「深化數學概念」繪本系列**

| 年級 | 繪本名稱 | 數學概念 | 對應學習內容 | 備註 |
|---|---|---|---|---|
| 一上 | 小熊去爬山 | 數數：基數、序數 | N-1-1 一百以內的數 | |
| 一上 | 狐狸先生的晚餐 | 時間：整點、半點 | N-1-6 日常時間用語 | |
| 一下 | 螞蟻女王的冬被 | 長度：個別單位 | N-1-5 長度（同 S-1-1） | |
| 一下 | 愛的新衣 | 統計：分類 | D-1-1 簡單分類 | |
| 二上 | 誰是冠軍杯 | 容量：間接比較、個別單位 | N-2-12 容量、重量、面積 | |
| 二上 | 蜘蛛小姐的襪子鋪 | 乘法：十十乘法 | N-2-6 乘法 | |
| 二下 | 我們一樣嗎？ | 形體：正方體、長方體 | S-2-2 簡單幾何形體 | |
| 二下 | 分他一半啦！ | 分數：等分、一半 | N-2-9 解題：分裝與平分 | |

　　此系列繪本已授權十二年國教課程國小數學教科書翰林版，每一冊在學習加油讚「看繪本學數學」選用 2 本；翰林版教科書為提升數學繪本教學的效果，還製作了海報、動畫、PPT，方便教師在課堂搭配使用。筆者特別挑了時間、長度、乘法各一本來介紹：

### 《狐狸先生的晚餐》

是一本以時刻概念爲主軸的繪本，讓學童體會認識和報讀時刻的重要。故事大意：狐狸先生搬了新家，認識一位新鄰居，他想請新鄰居狐狸小姐吃飯，但是每次都錯過，到底怎麼回事呢？原來他第一次忘了在邀請卡上寫時間，所以沒有等到狐狸小姐。他又寫了第二封邀請卡，雖然寫清楚時間，卻還是沒有等到狐狸小姐，因爲他根本看不懂時鐘，不知道幾點鐘該出門。經過小兔子的指導，狐狸先生終於學會從鐘面上長針和短針的位置，報讀出正確的幾點鐘、幾點半的時刻，也順利和狐狸小姐共度浪漫的晚餐約會。這本繪本藉由寫邀請卡、約吃飯、看時鐘等，呈現了有趣的故事內容，讓學童知道不會報讀時刻，除了容易遲到外，也會耽誤事情。

### 《螞蟻女王的冬被》

是一本以長度個別單位概念爲核心的繪本，協助學童了解測量的功能與正確操作。故事大意：冬天快要到了，螞蟻女王想爲自己和她

的寶寶們做一床冬被，於是派螞蟻們到花園裡尋找適合做冬被的葉子。一開始，螞蟻們測量葉子長度的方法不對，在修正測量葉子的方法後，他們也找到適合做冬被的葉子。然而，螞蟻們回去向女王報告時，毛毛蟲卻表示螞蟻找的葉子太短，於是，螞蟻女王要螞蟻和毛毛蟲一起排出葉子的長度，才解決了問題。最後，螞蟻女王也親自去測量葉子的長度，確定冬被夠不夠長。這本繪本透過細長葉片的長度確定，了解用個別單位解決生活問題，建立學童普遍單位的前置概念。

### 《蜘蛛小姐的襪子鋪》

是一本以十十乘法概念為核心的繪本，它從「幾的幾倍」原型來建立，協助學童了解「×」的意義。故事大意：善於編織的蜘蛛小姐開了家襪子鋪，發揮創意替「畫了 8 個腳丫」的鴨子媽媽、「蓋了 24 個腳印」的陸龜爸爸、寫了「7 個 6」的蝴蝶老師，以及鍬型蟲設計了他們需要的襪子，因此生意非常的好。這天，小動物們嘲笑著沒有腳的小蝌蚪們居然也想要穿襪子，沒想到，蜘蛛小姐不但答應

了，還製作了 32 隻襪子送給 8 隻小蝌蚪。各式各樣的訂單在蜘蛛小姐運用神奇的符號記錄後，變得既簡單又清楚。這本數學繪本以活潑的圖文，引發師生從故事脈絡中，思考乘法概念與生活問題的關聯，也將各類小動物需要的襪子數用「幾的乘法」來想，讓乘法概念變的有趣的多。

## 故事主導具概念串的繪本

這一類數學繪本在整本的故事脈絡中，出現了不止一個數學概念點，而是相關的「數學概念串」；它會對應二條以上的學習內容／分年細目，也可能有一些延伸或擴展的數學知識，但都是配合故事情境自然的出現。教師可配合該年級課程選用，進行有關的關鍵圖文討論，超過課程範圍的部分輕輕帶過即可。

這類數學繪本以故事情境，配合數學概念串來呈現圖文，例如：

### 《奇數和偶數》

繪本從好多種動物、好多種人，介紹數／數目也有好多種，引出可配成雙的是偶數、有一個落單的是奇數。進而利用生活情境說明兩隊比賽，每隊人數不論是偶數還是奇數，加起來一定是偶數；但是投票時，人數是偶數有可能結果一樣，所以投票人數必須是奇數。再透過一些活動、操作或實驗，來經驗偶數加偶數是偶數、奇數加奇數是偶數、偶數加奇數是奇數。最後，探討身體各部位的器官，以及全家人跟奇數、偶數的關係。這是一本可輕鬆閱讀的繪本，主要數學概念是認識20以內數的奇數、偶數，以及奇數或偶數相加的結果；前者是低年級、後者是中年級的教學內容，教師可視學童程度來選用和討論，繪本不涉及奇偶數相加的性質，那是國中的教學範圍。

### 《小胡椒日記》

敘述麗莎領養一隻剛出生的貓咪小胡椒，麗莎從小貓咪剛出生的那一天，便開始寫有關牠一系列的成長日記，藉由在月曆上標記日期，記錄小胡椒出生後到一年之間每月的改變及相處點滴，並寫出一般貓咪的成長特徵與健康的科普知識。繪本的數學概念是透過月曆與生活事件對照，讓學生透過報讀或點數，了解幾年幾月星期幾、一個星期有幾天、不同月各有

幾天、一年有 12 個月，以及認識週期星期、週期月、週期年、滿月的意義。教師可在學童學完月曆（一年有 12 個月）單元後，從繪本情境讓學童整合所有跟月曆有關的概念，並擴充週期月或週期年的認識，對於月曆的加深加廣學習，是很不錯的生活連結教材。

### 《獅子的盛宴》

繪本中，小螞蟻受邀參加叢林之王獅子的晚宴，大象和其他受邀的動物們狼吞虎嚥，把唯有一塊大蛋糕的一半、再一半……依序的兩等分，分得只剩下一小塊蛋糕屑留給小螞蟻和大王；而小螞蟻要親手準備一塊蛋糕送給大王享用，其他動物們也不甘示弱的想要送給大王一塊蛋糕的加倍、再加倍……依序加倍。繪本探討的分數概念是在整體量 1（一個大蛋糕）和 $\frac{1}{2}$、$\frac{1}{2} \times \frac{1}{2} = \frac{1}{4}$、$\frac{1}{4} \times \frac{1}{2} = \frac{1}{8}$……單位分數間的關係。透過看圖片比大小之外，可引導學童運用等值分數比大小，也可畫圖來學習簡單的分數乘法。繪本也探討了 1、1×2=2、2×2=4、4×2=8……的整數倍，這可協助學童觀察規律，可為 2 的 n 次方奠基，並可討論因數與倍數的關係。

### 《嘿，圖表真好用》

在此書中，主角巴特為了完成教師指派的自我介紹任務，將自己生活中所有算得出來、量得出來、能分類的資料都做成圖表！巴特的圖表中包含了以正字劃記的統計表、實物（畫圈、打勾）圖表、長條圖等，還進行了古怪三明治大調查等活動，也都一一製成圖表。繪本中不僅呈現了各式圖表，亦讓學童了解圖表的製作過程，從一開始的資料蒐集、記錄方式、圖表呈現都有其背後的功能。藉由此繪本的故事內容讓學童與巴特一起製作統計圖表，引導學童了解不同統計圖表的功能和差異，並引起學童學習課本長條圖單元的興趣！

## 《地球日，萬歲》

描述 3 位愛護地球社的成員，為辦理「世界地球日」活動的經費，展開了一連串蒐集空鋁罐變賣的有趣故事。為了達到蒐集 5000 個空鋁罐的目標，這 3 位環保小尖兵不斷的想方法讓空罐越來越多，而在點數及加總的過程中，把 10 個小袋裝到一個大袋、10 個大袋裝到更大的袋子，自然帶入位值的需求，將個位、十位、百位及千位之間的關聯性巧妙與故事情節融合一起。教師從達成回收數量目標的過程中，引導學童掌握整數的多單位系統，也能引入「估算」概念。此外，繪本有許多介紹環保及回收資訊的插圖，豐富的圖文提供很多萬以上的大數訊息，教師也能配合進行大數教學。

## 《貪心的三角形》

敘述三角形在生活中扮演很多角色，當它感覺不滿足時去找魔法師要求「增加一個邊、一個角」變成四邊形，四邊形在生活中也存在著很多，久了它又開始不滿足去找魔法師要求「增加一個邊、一個角」，接著五邊形、六邊形、七邊形……就一一現身，最後出現會滾的多邊形，它滾得頭昏眼花就去找魔法師要求變回三角形，此後就一直快樂的生活在各地方。教師可利用繪本呈現生活中的各種平面圖形，作為豐富學童學習基本圖形（三角形、正方形和長方形）、四邊形、五邊形……多邊形在生活上的關聯，並可作為學習四邊形的引起動機或多邊形的彙整延伸，也可探討這些平面圖形間的邊和角關係。

數學繪本配合國小數學課程與教學進行研發，要同時考量繪本應有特色、概念易於銜接外，若要跨領域來設計更是有挑戰性的事。中年級「擴展數學知識」繪本系列，就是以數學概念串跟課本單元的內容接軌，並強調某個領域跟數學的關聯，引導學童用數學思維解決生活問題。教師也可調整繪本使用順序，配合任何版本使用。繪本是最佳的數學教學補充材

料，希望教師透過繪本的閱讀和討論，協助學童體驗生活中數學的存在和應用。目前數學繪本研發團隊共產出 8 本繪本，詳下表：

表 4-2：中年級「擴展數學知識」繪本系列

| 年級 | 繪本名稱 | 數學概念 | 主要學習內容 | 相關學習內容 | 跨領域學習 |
|---|---|---|---|---|---|
| 三上 | 五色鳥歷險記 | 長度：公尺、公分、毫米 | N-3-12 長度：毫米 | N-2-11 長度：公分、公尺 | 自然科學領域 |
| 三上 | 露營好好玩 | 數形：規律與數形關係 | R-3-2 數量模式與推理（II） | S-2-2 簡單幾何形體 | 藝術領域 |
| 三下 | 小杰美濃走失記 | 形體：圓、構成要素 | N-3-3 圓：圓心、圓周、半徑與直徑 | S-2-2 簡單幾何形體 | 社會領域 |
| 三下 | 喵喵的日出遊 | 時間：12 與 24 時制、時間量計算 | N-3-17 時間：日、時、分、秒 | n-2-14 時間：年、月、星期、日 | 社會領域 |
| 四上 | 小乖愛吃高麗菜 | 估算：概數概念的初步 | N-3-8 解題：四則估算 | N-4-4 解題：對大數取概數 | 社會領域 |
| 四上 | 大角家族的聚會 | 統計：長條圖、折線圖 | D-4-1 報讀長條圖與折線圖以及製作長條圖 | D-3-1 一維表格與二維表格 | 自然科學領域 |
| 四下 | 奶奶的禮物 | 關係：周長與面積 | S-4-3 正方形與長方形的面積與周長 | R-4-4 數量模式與推理（II） | 藝術領域 |
| 四下 | 音符精靈和節奏餅乾 | 分數：簡單分數的等值 | N-4-6 等值分數 | N-3-9 簡單同分母分數 | 藝術領域 |

此系列繪本已授權十二年國教課程國小數學教科書翰林版，每一冊在學習加油讚「看繪本學數學」選用 2 本。翰林版教科書為提升數學繪本教學的效果，還製作了海報、動畫、PPT，方便教師在課堂搭配使用。筆者特別挑了長度、平面圖形、面積與周長各一本來介紹：

## 《五色鳥歷險記》

　　是一本藉由大自然的情境，呈現大、中、小型鳥的身高，牠們分別可用毫米、公分、公尺來描述。故事大意：阿五是一隻會用1公分來測量物件長度的五色鳥。因為颱風摧毀了牠的家，讓牠離開原本居住的地方。阿五先認識了身長1公尺的軍艦鳥阿泰，知道了1公尺有多長；然後，結識了身高2公尺40公分的鴕鳥，理解了2公尺40公分跟240公分一樣長；接著，認識了吸蜜蜂鳥阿蜜，牠從阿蜜身上學會用1毫米來測量長度。不僅如此，阿五和阿蜜還一起幫忙趕走松鼠，替青背山雀打造了新的巢洞。從此，失去家人的阿五和阿蜜一起經營木匠工作，不再孤單。這本繪本經由五色鳥阿五驚險又豐富的歷險，認識了自然環境中身高非常不同的一些鳥，可以培養學童的量感外，也關聯到自然領域。

## 《小杰美濃走失記》

　　是從童玩、油紙傘等，來認識生活中的圓，並從製作油紙傘中認識圓的構成要素。故事大意：小明是國小三年級的小男生，生活在美濃，喜歡

運動，和父母親及爺爺、奶奶一起住。表弟小杰和父母親（小明的舅舅和舅媽）長年居住美國，偶爾回臺灣度假。今年暑假，小杰一家人回美濃度假。小明帶表弟小杰去逛假日市集，因為人潮太多，走散了，透過表弟對市集環境的描述：從旋轉的陀螺、風車、扯鈴、滾鐵環和手拉坯，到圓圓的牛車輪和射飛鏢的靶紙，小明終於在油紙傘的攤位找到走失的表弟，並且各做了一把油紙傘帶回家。這本數學繪本介紹了很多生活中常見的物品和童玩，它們的形狀都跟圓有關；尤其油紙傘是美濃的特產，充分將數學元素跟社會風情關聯，也是數學跨社會領域。

### 《奶奶的禮物》

是一本探討面積增加周長變化的規律、面積越大周長越長的迷思，以及建立周長一樣、面積不同的概念；並以祖母方格的排列，來認識圖案的二維規律。故事大意：瑄瑄到奶奶家過暑假，看到奶奶正在編織祖母方格，瑄瑄很喜歡，奶奶要做成披肩送給瑄瑄當生日禮物。搭配祖母方格還

奶奶編織方格搭配特製蕾絲幫瑄瑄做生日禮物；
瑄瑄和奶奶一起試了試，一直拿不定主意……

瑄瑄一面排方格一面想：「1個方格需要4段蕾絲，2個方
格需要6段，3個方格要8段，4個方格要10段，每多接1
個方格，就要多2段蕾絲。」

瑄瑄排好披肩的花樣，有28段蕾絲，只能一排10個方格，
排4排。媽媽問瑄：「妳怎麼空下1格？不是還剩下6個
方格？」要用完方格得要有更多蕾絲才行。

瑄瑄終於排好了正方形小毯子的花樣，
撒嬌的對奶奶說：
「總共要49個方格，
還不夠4個呢！」

最後完成的毯子比披肩更大，
瑄瑄和奶奶都好開心！

有特製的蕾絲邊，每一段圖案剛好跟方格的邊一樣長。祖母方格不夠還可
以再織，但是蕾絲邊的數量有限，瑄瑄一面排方格一面計算蕾絲邊需要的
數量，奶奶的蕾絲邊只能做成一排10個方格，有4排的披肩；但是橘色
方格不夠1片，剩下6片方格沒用到。奶奶覺得這樣的披肩不夠寬，提議
改成做正方形的小毯子。瑄瑄重新排花樣，發現正方形毯子需要的蕾絲
邊，正好可以用完28段蕾絲，還不夠的4片方格，請奶奶再織。瑄瑄得
到了最漂亮的生日禮物。這本數學繪本除以有趣的圖文探討數學概念外，
還以二維規律呈現藝術作品，關聯藝文領域。

## 知識主導具小主題的繪本

　　這一類數學繪本不全以故事脈絡貫穿整本，而以知識主導來增進學童
的數學知能；有時會配合生活情境、操作活動、遊戲活動等，來觀察或呈
現某一「數學小主題」的數學相關概念；它會對應二條以上的學習內容／

分年細目，甚至從國小端體驗或輕觸相關的國中數學概念。教師可配合該年級課程選用部分繪本內容，進行關鍵圖文的深入討論即可，其餘部分可鼓勵學童自我閱讀或同儕共讀。

這類數學繪本以觀察活動、操作活動、故事情境……穿插出現，配合數學小主題來呈現圖文，例如：

### 《時間的故事》

透過一首又一首詩歌，分段描述時間概念的各種面向；從時間是何時開始，再談到時間的特性，也討論到人類發明的各種計時工具。另外還討論了 1 秒、1 分、1 時與 1 日有多長，最後總結時間是眼睛看不到的「變化」，需要靠觀察周遭人事物的改變，來察覺時間的存在。因為時間有看不見、摸不著、一去不復返的特性，所以學生對於時間量感的建立或實測總是難以掌握，而且時間量的化聚非十進位，有時用 60 進位，有時用 24 進位，對學生學習的困難度頗高。本書用詩歌型態的文字，從各種不同時間概念，帶領學童認識「時間」這樣抽象的概念，也對日、時、分、秒的時間化聚有著墨；搭配生動的插圖，讓學童對於時間的化聚建立心像，更有畫面感，不再只是背誦換算數字的公式。

### 《剪剪貼貼，算面積》

先從生活周遭的商業區、住宅區引入，介紹「區域」的概念，進一步讓學童了解為什麼需要測量區域的大小。再透過一元硬幣、正方形、三角形的鋪排，讓孩子認識非標準測量單位、標準測量單位，並介紹一平方公分。最後，利用剪貼的方式讓孩子實測球體的表面積。由於該本繪本內容豐富，為搭配學童的學習概念發展，教師可視學童程度選用其中部分內容。建議中年級先帶領學童認識區域，並利用非標準測量單位（如隨手可得的硬幣），透過多樣性的鋪排過程，形成面積概念，並介紹標準測量單位（如一平方公分）；最後能活用身邊物品掌握面積量感，並測量手的面

積大小。

## 《三維求體積、二維算面積、一維量長度》

　　繪本從生活情境中的立體畫、立體電影引入「三維」概念，並透過大小不同書本的實驗，讓學生在操作中比較書本的高度、寬度和厚度，具體的理解「三維」，並了解薄薄的紙都是三維；再用兩個紙箱比大小，引入體積和容積的概念。接著透過餐巾和桌面認識面積，介紹「二維」的概念，透過地磚學習平方單位點算圖形面積；最後從量身高介紹「一維」的概念，它沒有寬度，也沒有厚度。此繪本從體積開始，接著是面積、長度的介紹，不同於教科書的安排是長度、面積、體積。教科書是考量學童的學習難易程度，而繪本是考量真實情境中萬物都是三維，平面是在形體上、線段是在平面上，它可協助學童在學面積或體積時，從整體的觀點來認識長度、面積和體積之間的關係。

## 《點與線的相遇》

　　是從介紹什麼是點和線開始，當很多的點在一起，有一個點當圓心，還有一些和圓心距離一樣的點，就會形成圓形；進而探討跟圓有關的現象和性質，還有把圓形旋轉會變成球體、有一些厚度的圓形堆疊會變成圓柱體，在人體上也會找到很多圓。三條線會形成各式三角形，進而探討它們的特性和性質、跟圓錐體的關係，以及三角形在生活中的應用。接著是四邊形的產生，探討四邊形有什麼特點，有哪些不同種類等等。點與線相遇會出現各種不同的圖形，這些圖形有時會刻意出現在建築物裡，有時會不經意的出現在大自然或身體裡；並舉一些實例說明生活中充滿很多的圖形。這本數學繪本內容很多樣，大都屬於平面圖形，教師可配合數學教學內容選用，也可在學童學過這些圖形後，進行綜合性的閱讀和討論。

### 《統計》

　　繪本從生活周邊事物及兒童的觀點出發，由數據、普查引導出抽樣的概念，介紹「統計學」的意義，包括國家有多少人、使用黑人牙膏有多少人等等；統計學家也會利用「投票」、「抽樣調查」來知道人們喜歡什麼等等；調查的數據可以畫成統計圖表，但也要注意到是怎麼統計的，別被統計資料騙了，誤入統計的陷阱。教師可以帶領孩子看到統計的奧妙，在生活中充滿很多數據，把這些數據整理運用就是「統計學」。我們可把獲得的數據作成統計表、畫成長條圖、折線圖、圓形圖等統計圖，這些數據可以應用在農夫、汽車商、商人等工作中。此繪本非一般教材中著重統計的計算與圖表的報讀，可幫助學生更理解什麼是統計，以及抽樣的資料代表性，讓學童了解學統計圖表的意義和重要性。

### 《什麼是對稱？》

　　繪本是從日常生活中的歌謠以及圖片出發，如人的五官、蝴蝶、葉子、中國文字，以及傳統的窗花和剪紙藝術。它主要討論的數學概念是線對稱，但也配合生活情境延伸介紹點對稱、面對稱，並介紹一些在自然科學中的對稱現象，還有帶領孩子去製作一些簡單的、複雜的線對稱圖形。教師可配合國小線對稱課程進行前半本的閱讀和討論，從生活情境中有系統的認識、製作、設計線對稱圖形。至於後半本生活情境中的點對稱、面對稱圖形，可讓學童透過自行閱讀而認識就好。

　　數學繪本配合國小數學課程與教學的研發，在低年級「深化數學概念」系列、中年級「擴展數學知識」系列後，數學繪本研發團隊將以數學小主題跟課本單元的內容接軌，除有完整的故事情境外，還強調一些與小主題相關的擴展或延伸性數學知能，例如：數學史。教師也可調整繪本使用順序，配合任何版本使用。我們研發的「厚植數學知能」繪本系列，預定產出 8 本繪本，將授權十二年國教課程國小數學教科書翰林版，每一冊

在學習加油讚「看繪本學數學」選用 2 本。翰林版教科書也會為提升數學繪本教學的效果，製作海報、動畫、PPT 提供教師使用。目前五年級適用的4本（六年級4本研發中）已完成文稿部分，即將進入插畫製作，詳下表：

| 年級 | 繪本名稱 | 數學概念 | 主要學習內容 | 相關學習內容 | 擴展或延伸 |
|------|---------|---------|-------------|-------------|-----------|
| 五上 | 花爸的鄉居生活 | 整數：因數、最小公倍數 | N-5-3 公因數和公倍數 | R-6-2 數量關係 | 孫子算經第26 和 36 題 |
| 五上 | 有趣的埃及分數 | 分數：約分、擴分、通分 | N-5-4 異分母分數 | N-5-6 整數相除之分數表示 | 埃及分數 |
| 五下 | 祥祥的寶貝 | 面積：生活單位、大單位與平方公尺 | N-5-12 面積 | N-5-1 十進位的位值系統 | N-7-8 科學記號 |
| 五下 | 園遊會超級小賣家 | 比率：百分率與應用 | N-5-10 解題：比率與應用 | N-6-6 比與比值 | 百分率符號的由來 |

表 4-3：五年級「厚植數學知能」系列繪本簡介

它們將和教科書同步跟大家見面，敬請教師們期待囉！

## 數學繪本教學的實施和考量

數學繪本在圖文中融入數學概念編寫而成，蘊涵了很多數學事件的情境，可讓學童直接透過閱讀而認識或了解數學概念的意涵，相較於一般繪本須透過教師引導來學習數學的情況，數學繪本的使用對於現場教師來說的確比較容易上手。數學繪本教學看似簡單，拿起繪本跟學童一起讀一讀、說一說就好；當然，讓學童能接觸數學繪本總比沒有好，畢竟它能活化、豐富學童們的數學學習，但是只能止於表層的認識。教師若能掌握數學繪本的數學內容，協助學童從繪本豐富的情境描述中引發數學性的思考，並試著從不同的角度來看待數學，了解數學學習不是只有計算，有時透過分類與圖解也可以成為學習數學的途徑。當學童數學學習的視野擴展

了，並與日常生活情境做了連結，相信數學對孩子來說將不再只是書本上的知識；同時，感受數學不是這麼難以捉摸的領域，它也是富含樂趣並易於學習與應用的知能。

低、中、高年級學童的閱讀能力和數學知識相差甚多，教師在選用數學繪本時，可從學童數學概念的發展脈絡、繪本內容的難易程度來考量；教學活動設計可視繪本內容的難易和類型、教學補充的時機和目的來規劃。通常，故事情境強的繪本易引起學童學習的興趣，讓兒童產生數學想法與討論，並藉由故事情境進行解題或推理，促使他們將日常生活經驗帶入數學學習中；數學知識強的繪本可引導學童學習新的數學概念、彙整相關的數學概念，增進他們對數學知能的認識與了解更加明確。

## 數學繪本的教學實施

運用數學繪本進行教學，可加強學童數學概念的溝通能力，應有助於數學教育強調推理、解題、連結等新目標的達成（Martinez & Martinez, 2001）；讓兒童有機會了解數學概念，如何在他們熟悉的生活情境中應用，吸引並幫助學童連結數學想法到自身的生活（Murphy, 1999），也讓兒童在有意義的情境中使用並擴展數學的知識（Jenner & Anderson, 2000），並可提供兒童傾聽、寫作及討論數學概念的機會（Gailey, 1993）。所以，筆者主張在有系統、有脈絡的數學單元教學中，可將數學繪本當作補充教材，以繪本為核心進行一節課的閱讀與討論，有利於跟數學課程與教學接軌，也有益於提升學童的數學能力與興趣。

Schiro（1997）、Martinez 與 Martinez（2001）都指出數學繪本在結合數學教學時，必須著重於數學概念的發現與討論，讓學生思考問題解決與運用方法，進而促使學童以口頭發表、展演或專題發表的方式來呈現所學。從 Martinez 與 Martinez（2000）的文章、Martinez 與 Martinez（2001）的專書中，都對於各年級使用數學故事進行數學教學提出說明。相較於一般文字題，數學故事更易於操作，使教師能輕易的改變數學內容的難度以

及傳達的方法，例如：對年幼的孩子大聲朗讀、對中或較高年級的孩子可
採輪讀的方式進行，更甚者，故事的結局可以是開放的，允許孩子建構故
事線，以便繼續數學作業，發展他們自己本身符合故事情境脈絡的問題。
有關各年級實施方式、討論內容，以及完成任務整理如下表：

**表 4-4：各年級使用數學繪本進行數學教學的方法**

| 方法 | 幼稚園 -2 年級 | 3-4 年級 | 5 年級以上 |
|---|---|---|---|
| 表現 | 教師大聲閱讀故事內容，並將圖例畫在黑板或紙上。 | 教師與學生一同大聲閱讀故事內容，並用時間於問題的討論與文意的澄清上。 | 學生獨立閱讀或在小團體中進行閱讀，也可以與數學日誌合併使用。 |
| 討論 | 1. 故事內容在談什麼？<br>2. 你喜歡這個故事嗎？<br>3. 在故事中發生了什麼事情？<br>4. 你最喜歡哪一個角色？<br>5. 最不喜歡的又是哪一個呢？ | 1. 在故事中我們發現什麼數學概念？<br>2. 如果故事繼續發展下去，會發生什麼事情？<br>3. 你對這個故事有什想法？ | 1. 你從這個故事中學到哪些數學？<br>2. 這是個好故事嗎？<br>3. 你認為為什麼會這樣呢？ |
| 任務 | 1. 將故事說完。<br>2. 以圖畫表示所發生的事情。<br>3. 以操作的方式自故事中發展數學問題。 | 1. 寫下說明與評論。<br>2. 確認概念、過程與類型。<br>3. 繪圖、行動或在實作活動中應用這些想法。 | 1. 將故事完整的寫下來。<br>2. 反思故事的目的、結果與過程。<br>3. 將所學應用於專題報告與創意活動中。<br>4. 如果情境改變，想想看，故事將如何發展？ |

資料來源：*Read and Writing to Learn Mathematics: A Guide and a Resource Book* (p.67),
　　　　　by Martinez & Martinez (2001).

　　簡言之，低年級由教師引導學童閱讀和討論為主，中年級可由師生共
同閱讀和討論數學繪本的內容，高年級可以學童為數學繪本教學的主體。

教師要如何藉由數學繪本，讓學童在欣賞文學作品的同時，又能習得所隱含在裡頭的數學概念呢？參考袁媛（2006）對教師使用數學圖畫書（繪本）進行數學教學提供的一些教學策略，而這些教學策略是可以混合使用的，筆者以數學元素明顯的繪本的觀點，彙整教學策略如下：

**1. 提供數學在生活中實際被使用的情境**

教師可設計與繪本內容相關的活動，使學童了解書中所討論的活動與數學的關係，有助於兒童了解數學用於生活中的實例。

**2. 示範有意義的創意經驗**

藉由書中呈現的數學內容，使學童參與有意義的數學學習活動，但使用時可以讓學童主動的、創意的開發類似的或延伸的故事內容。

**3. 提供有趣數學問題的資源**

利用故事情節中融入的數學問題探討故事情節中的人、事、時、地、物，可以提供探索數學的有趣題材；藉由圖書中情境內容的支援，有助於學童於解題時增加了解及興趣。

**4. 使用故事中的情節發展數學概念**

書中很清楚的經由插圖或文字（故事情節）呈現數學概念，可以提供問題解決的情境，幫助學童發展數學概念。

**5. 利用成對的圖書介紹同一概念**

使用相關成對的數學繪本做對比與比較，可學習相類似的數學概念。

數學繪本教學以繪本閱讀和數學討論為核心，這些教學策略提供教師參考，在數學繪本教學時配合教學設計靈活運用即可！

教師欲培養學童「學以讀、讀以學」的能力，使用數學繪本當作數學單元教學的補充教材，不要只重數學概念的討論，也須安排一些閱讀活動。當學童學會從繪本閱讀中掌握故事脈絡、了解故事中的數學事件、思考數學問題的發生和解決，他們就有能力去看課程相關或課程未教的數學繪本，開始有機會充實或增進自我的數學知能。一直以來，教師們都表示數學教學的時間不足，那麼就會覺得哪有時間進行數學繪本教學？其實，

教師對數學繪本教學的功能與價值要有信心，一個月只用一節課的時間，選讀一本和數學課程內容相關的繪本，增進學童學習數學的興趣和知能，減少一些數學題目的練習和熟悉時間即可！因此，筆者倡導以一節課進行數學繪本教學，選用內容可以跟數學課程接軌的繪本，教學活動須以繪本閱讀為輔、數學討論為主，重視閱讀理解策略和數學解題策略的運用。

筆者彙整閱讀理解策略（Palincsar & Brown, 1984; Dole, Duffy, Roehler, & Pearson, 1991；柯華葳，2005；教育部，2010）的相關研究後，認為柯華葳等人（2008）於 PIRLS 2006 報告中提出教室中常使用的七項閱讀策略，含括面向較廣，即以此作為數學繪本教學「閱讀理解策略」的焦點：a. 找出大意；b. 解釋閱讀材料提出理由支持；c. 比較自己的經驗；d. 比較以前閱讀過的材料；e. 預測文中接下來會發生的事；f. 歸納和推論；g. 描述風格和結構。希望幫助教師在閱讀指導過程中運用閱讀理解策略，引導學童讀懂文章內容，幫助學童藉由與自己、與文本、與作者三方面的聯繫，獲得學習成果。對於數學繪本的教學來說，讀懂故事內容並不等於學會數學知識，因此還需要其他策略來幫助教師的教學指導。根據數學解題策略（Musser & Burger, 1994；馬兵，2008；朱華偉、錢展望，2009）的相關論述，並參酌目前國小課程與教學的內容，筆者彙整教學者可實際運用於數學繪本教學中的「數學解題策略」包含：A. 猜測與嘗試：嘗試是指驗證先前的猜測是否正確；B. 模擬與操作：此處指的操作是具體物的操作；C. 畫圖或製表：畫圖包含輔助線的繪製；D. 舉例或類比；E. 尋找樣式或規律：樣式即 pattern，例如找出同數相加或湊十相加的原則；F. 推理（含反推）：指有目標的推論或論證；G. 歸納或演繹：意指現象的整理，具總結的意味，並非數學上的一般化。教師指導學童進行數學繪本閱讀過程中，可以善用數學解題策略，幫助學童發現繪本中的數學元素，進一步深究與學習數學概念。

筆者曾組織一個教師研究團隊進行 2 年的數學繪本教學探究，這 8 位教師都有繪本教學經驗並樂意參與研究工作。我們探討以繪本為核心的閱

讀課，以及單元教學一起編織的數學課，因前者推廣的可能性較高，且閱讀課並非要在課表排課才能實行，故本篇均以一節課的數學繪本教學來論述。這 8 位教師在此部分共使用了 18 本繪本，分上、下學期實施，其中低年級有 5 本、中年級有 7 本、高年級有 6 本；有關閱讀理解策略、數學解題策略的使用情形（鍾靜，2018）如下表：

表 4-5：各年級閱讀理解策略和數學解題策略使用彙整表

| 年級 | 繪本名稱 | 閱讀策略運用類別 | 解題策略運用類別 |
|---|---|---|---|
| 低年級 | 唉，貓咪數不完 / 遠流 | b、c | B、F、G |
| | 歐馬利家的畫記高手 / 臺灣麥克 | b、c、e | A、B、C |
| | 阿曼達的瘋狂大夢 / 遠流 | b、c、f | B、E、G |
| | 狂歡購物節 / 臺灣麥克 | b、f | B、E、G |
| | 門鈴又響了 / 遠流 | b、c、e、f | A、B、F、G |
| 中年級 | 女超人瑪蒂 / 臺灣麥克 | b、c、f | A、B、F、G |
| | 嗯，等我 1 分鐘 / 遠流 | b、c、e、f | A、B、G |
| | 阿曼達的瘋狂大夢 / 遠流 | b、e、f | B、G |
| | 起床上學嘍 / 臺灣麥克 | b、c、f | B、C、D |
| | 嘿，圖表真好用 / 遠流 | b、d、f | A、C、G |
| | 噢！披薩 / 遠流 | b、f | A、E、F |
| | 嘿，圖表真好用 / 遠流 | b、d、f、g | A、D、G |
| 高年級 | 獅子的盛宴 / 滿天星 | b、e、f | C、D、E、G |
| | 裴利的滑板車 / 臺灣麥克 | b、c | C、B、D |
| | 哇！40 公斤的番茄大餐 / 遠流 | b、e | B |
| | 灰熊特報 / 臺灣麥克 | b、c、e、f | A、F、G |
| | 冰淇淋聖代 / 臺灣麥克 | b、e | A、B、F、G |
| | 猜猜誰會贏 / 臺灣麥克 | b、c、e、f | A、B、F、G |

註：中年級出現 2 本《嘿，圖表真好用》是不同教師選用，分別是和三下報讀表格單元、四下統計圖單元接軌。

　　研究發現參與教師以閱讀課指導學生數學繪本時，在閱讀理解策略部分，皆用到策略 b「解釋閱讀材料提出理由支持」18 次，其次是策略 f「歸納和推論」13 次，策略 c「比較自己的經驗」10 次與策略 e「預測文中接下來會發生的事」9 次；教學中較少使用策略 d「比較以前閱讀過的材料」2 次與策略 g「描述風格和結構」1 次，至於策略 a「找出大意」無人使用，這三項可能就是跟語文類繪本最大的差異。

　　參與教師運用數學解題策略的分布情況，較閱讀理解策略項目次數出現平均；運用頻率稍高的前三者策略分別為策略 B「模擬與操作」13 次、策略 G「歸納或演繹」13 次與策略 A「猜測與嘗試」10 次，其餘策略次數較少分別為策略 F「推理（含反推）」6 次、策略 C「畫圖或製表」5 次、策略 D「舉例或類比」4 次與策略 E「尋找樣式或規律」4 次。數學概念包含數、量、形、統計與關係等內容，教師必須因應數學知識的內涵、繪本的創作型態來規劃教學內容方式。

　　因此，在數學解題策略的使用上，會因故事的情節、布題的情境差異來選擇適合的解題策略。對數學學習來說，模擬與操作、猜測與嘗試，是最常運用到的解題策略，而歸納與演繹可以幫助學生統整數學概念的發展脈絡；遇到圖形或統計概念時，則需要倚靠畫圖或製表的策略來輔助教學。所以，數學解題策略的運用情形較閱讀理解策略平均。再分析二種策略的關聯性，當教師使用閱讀理解策略 f「歸納和推論」時，必然伴隨閱讀理解策略 b「解釋閱讀材料提出理由支持」的使用；此二者有因果關係，在預測後續情節或推測結局時，一定會尋找相關證據來支持。在數學解題策略和閱讀理解策略間，閱讀理解策略 e「預測文中接下來會發生的事」與數學解題策略 A「猜測與嘗試」不一定同時運用，前者是預測故事情節的推演，而後者在猜測故事主角可能運用的解題方法，並加以嘗試檢驗。還有閱讀理解策略 f「歸納和推論」與數學解題策略 F「推理（含反推）」不一定同時運用，因為閱讀理解的推論是綜合人物與情節的關係，而數學解題策略的推理目的在發現數學的現象。

## 數學繪本的教學考量

　　教師初次嘗試將數學繪本運用於數學單元的補充教材，進行數學繪本的教學，建議先使用故事情境強的繪本，因為只要掌握故事情節的發展，教師便能透過引導來協助學童學習數學概念；而數學知識強的繪本則須有較清楚的數學概念掌握，才能發揮繪本的功能。教師選用以故事貫穿整本的數學繪本，在情節的敘述中呈現數學問題讓學童思考與討論，這類的數學繪本很容易引起學童的關注並引發師生和同儕間的討論，學童普遍感到這類繪本比較生動和有趣、從故事裡出現數學知識，還有討論的數學概念比較簡單。教師選用著重以數學知識描述的數學繪本，由淺入深的將數學概念以圖片或活動的方式介紹，學童在閱讀和討論中可以非常明確的學習到數學知識，學童會覺得繪本中故事不多或沒有較為無趣，只透過直接的敘述或傳達數學知識，但是討論的數學概念比較深入。

　　數學繪本以補充方式和數學課程接軌，選定某數學繪本為核心，進行一節課的閱讀繪本和討論數學，這就是閱讀課的概念，不是一定要排閱讀課。教師可以減少一些重複數學題目的練習或熟稔，利用一節數學課進行數學繪本教學，這可使得學童的數學學習增加色彩、柔軟度，以及提升興趣和應用。數學繪本可在一個數學單元中，扮演「引起動機」配合準備活動的複習或引入先備知能、加強「概念教學」配合發展活動的開展數學概念及技能、進行「彙整延伸」配合綜合活動的提供回顧概念或延伸綜合等不同角色，它用在不同教學時機的數學討論就會不同。教師可配合關鍵圖文和數學概念，決定最佳的教學安排時間點，有時同一本繪本的內容可以使用於不同的年級，只是在於討論重點、呈現方式可能不同。往往數學單元教學融入數學繪本的補充，會使得數學課程與教學的進行很順暢，反而減少教學時間、增加學習效果。數學繪本教學不想只是表層的帶過，想要有深層的效果產生，教師們在教學活動前、中、後有以下幾點須考量：

### 1. 數學繪本選用比改編重要

一本好的數學繪本有其完整的文學性、藝術性和數學性安排，只是在圖文的情境脈絡中，出現了數學概念、數學表徵、數學符號、數學問題、數學討論等等。臺灣地區的數學繪本有很多套書及單本，在市面上可以找到的就超過 200 本，學前到小學低、中、高年級都有適用的；教師只要根據繪本的數學內容和數學教科書的單元內容來安排就好。所以，教師配合數學單元教學，選擇適用的數學繪本較佳，不必藉繪本情境大幅修編繪本內容或數學問題，若是小幅微調數字則無妨！

### 2. 不宜用數學繪本取代課本

數學教科書的單元有結構、內容有系統，它的數學認知發展脈絡也是很被重視；當選用的數學繪本內容和數學單元相關時，不論是用來引起動機、概念教學、彙整延伸，都很容易跟課程接軌，不須打斷教材的順序。若繪本用來引起動機，學童已有一些相關概念，回到課本教學自然就會節奏加快；若用來概念教學，學童的該概念已深入探討，對有關的概念建立也有幫助；若繪本用來彙整延伸，那將是非常好的單元內容複習和統整活動。

### 3. 不同年段的教學處理不同

國小學童介於 6-12 足歲之間，他們在低、中、高年級的生活經驗和學科知識差距不小；教師的數學繪本教學就要針對學童的能力、繪本的內容規劃。一般來說，低年級學童的數學知識和識字量都有限，數學繪本可選故事情境豐富、圖和文較簡明、數學概念單一，這樣便於教師說故事和帶討論，分享故事中發生的事件，但不必特別針對數學事件。中年級學童還是喜歡聽故事，數學繪本的數學內容和文字量可以多些，教師可讓學童輪流講故事，並針對數學事件討論。高年級可選具有或較少故事情境的數學繪本，若文字量很重可讓學童於課前自行閱讀，上課可直接討論故事情境和數學事件，有些數學問題可以讓學童分組探究和分享想法。

### 4. 數學繪本閱讀與討論並重

數學繪本含有數學概念，不能當作一般繪本只進行閱讀教學，也不能因為有數學成分就只關注數學問題的探討。教師若想培養學童有「學以讀、讀以學」的能力，並加強數學概念或增廣數學知能，這時繪本閱讀和數學討論都很重要，只是可以繪本閱讀輕些、數學討論重些。教師由閱讀繪本中，協助學童從圖和文的情境中掌握故事脈絡，了解生活故事和數學事件的關係，感受數學在生活中存在的現象。透過數學事件或問題的討論分享，學童可以看到故事中如何處理數學事件，也可藉數學問題的深入探究，進一步深化或廣化數學概念。

### 5. 數學繪本須掌握關鍵圖文

教師想利用一節課進行數學繪本教學，在有限時間內做最有效的數學討論，引導學童針對數學概念產生思考，還有認識數學在生活中的應用等，教師須先掌握繪本有關數學重要概念的圖或文。這些關鍵圖文可能是繪本中重要的數學事件，也可能是引發學童數學概念討論的圖和文；它可以幫助學童去思考和探究這些數學概念，讓教科書中有關的數學概念得以加深或加廣，也可對生活情境中的數學事件印象深刻。若是低年級選用數學繪本的內容份量不多，教師可以一邊講一邊討論繪本中的人、事、時、地、物，數學概念會由然而生；但教師心中還是要能掌握關鍵圖文，對數學概念的有關討論才不會失焦。

### 6. 藉關鍵提問強化數學概念

數學繪本教學根據關鍵圖文進行數學概念的討論，這就像數學教科書中的布題，只是數學討論和發表的開始。教師要能依據學童的反應或回饋來進一步提問，這樣才能幫助他們的數學概念有深化或廣化機會。關鍵提問是針對大多數學童可能的回應，教師提出幫助學童切中或引進數學概念的追問。好的關鍵提問可跟數學概念中常見的學習困難或迷思概念有關，也可跟學生未能想到或理解的故事情境和數學事件關聯。

### 7. 不要以繪本內容進行評量

數學繪本作爲與數學單元接軌的補充教材，它的目的是幫助學童認識生活中的數學，有機會去思考和溝通數學，感受學習數學不是枯燥無味的事；教師要理解數學繪本教學是要讓學童喜歡數學，覺得數學有趣又有用。數學繪本的數學事件在故事情境的脈絡下，難免跟數學單元的內容不會完全的吻合，以前學過的內容倒無妨，超越現在課程的內容輕輕帶過，不要當作關鍵圖文討論即可！尤其數學知識主導以小主題撰寫的繪本，會超過現在當下課程的內容不少；故事情境主導以概念點撰寫的繪本，通常會跟課程的內容十分接近。基於這些種種原因，請千萬不要將繪本內容拿來數學評量，學童數學概念的精進，應該會逐漸反映在數學學習的態度和成就上。

數學繪本教學時在課堂的學童參與狀況，於踴躍討論中仍會出現沉默的學習者，這些較沉默的學童不一定是數學學習成就低落者，對於認爲計算能力好就代表數學能力強的少數孩子來說，要吸引他們參與數學繪本的討論是需要花一些功夫的，必須讓他們感受到溝通討論也是數學能力的一部分，引導他們在討論或實作活動中運用數學理解與計算能力，才能讓這些工於計算的孩子改變刻板想法。還有，數學學習成就較低的學童對於數學繪本融入教學是有高度興趣的，因爲有了繪本內容的討論，讓他們在課堂中多了參與發表的機會，而故事情境也可以幫助他們理解數學概念，讓他們將生活體驗融入數學學習中。總而言之，數學繪本對大多數學童具有極高的吸引力，對他們的數學學習絕對是有明顯的幫助和提升；但只實施二、三本繪本教學的成效勢必有限！

# 數學繪本教學的實例簡介

通常以數學繪本為核心的教學，在閱讀部分大致可分為閱讀前、中、後三階段，在閱讀前：瀏覽文中的插圖、從標題預測文章的內容、閱讀文章提要以發展整體的概念；在閱讀中：了解故事或主題中的關係、重讀不熟悉的部分、提出相關的問題問自己、畫重點；在閱讀後：可運用問題來檢視自己理解的程度、預測未來及摘要重點、重讀文章的重要部分等等。雖然這些閱讀策略的應用，可作為數學繪本閱讀或教學的參考，然而數學學習的目標和語文領域迥異，並非倚靠解析文字意義即可獲得學習成效的。因此，數學繪本教學可用語文閱讀的相關策略為發展基礎外，教師更應選用數學繪本的關鍵圖文，運用數學解題的相關策略，來引發學生針對數學概念進行討論。數學繪本配合單元教學的安排時機，也可分為單元前、中、後使用。在單元前：扮演「引起動機」，配合準備活動的複習或引入先備知識；在單元中：加強「概念教學」，配合發展活動的開展數學概念及技能；在單元後：進行「彙整延伸」，配合綜合活動的回顧概念或延伸綜合等角色。數學繪本用在不同教學時機，它們的數學討論重點就會不同。

數學繪本的選用，若配合數學單元學習，當然要考量數學概念的相關；若是課外學習或一般閱讀，則可考量學童適讀、有興趣即可，其彈性較大且範圍較廣。配合數學單元進行以繪本為核心的教學時，將繪本當作補充教材處理，不要取代教科書有系統、有脈絡、有層次的安排。通常，進行一節課的數學繪本閱讀與討論，若引出新概念的學習內容，進行單元教學就會節奏加快且有效學習；若為概念加強、統整或延伸的數學內容，會幫助學童更清楚單元學習的概念，以及在生活中的存在、有用與有趣。數學繪本的教學不受教科書版本所限，只要考量數學概念的適合，任何版本都適用。教師運用數學繪本在一節課中有效的教學，要先掌握配合教學目標的關鍵圖文，然後考量閱讀、解題二種策略的運用，並提出促進學童

學習或思考的關鍵提問。本節將舉一些案例來說明：

## 案例一：貓咪來來去去學加減（孫德蘭）

　　一年級「減法」單元中進行教學，使用繪本《唉！貓咪數不完》，教學重點是了解貓咪增減的語意及解決 10 以內的加減法。教師教學的精彩事件有：(1) 養寵物引起數學問題：用加減算式表示貓咪數量變動、隨著故事情節比較型問題變得很簡單；(2) 體悟寵物生命教育的情懷。教學時使用較多的閱讀策略是比較自己的經驗，解題策略是模擬與操作、推理、猜測與嘗試，並以「數學減法問題與生命教育連結，豐富學習內容」來撰寫教學心得。教師選擇的關鍵圖文和設計關鍵提問如下：

| | 關鍵圖文說明 | 促進討論的關鍵提問 |
|---|---|---|
| 繪本教學重點 | (A) 繪本 p.6-7<br>擷取有 6 隻貓的畫面。 | 原來有 1 隻貓咪，後來有 6 隻，是多了幾隻？ |
| | (B) 繪本 p.10<br>擷取有 9 隻貓的畫面。 | 現在有 9 隻貓咪，原來有 1 隻，是多了幾隻？ |
| | (C) 繪本 p.16<br>擷取貓數量的畫面。 | 一共有幾隻眼睛？幾條尾巴？ |
| | (D) 繪本 p. 17<br>擷取貓數量的畫面。 | 一共有幾隻耳朵？幾隻貓爪？ |
| | (E) 繪本 p.21<br>10 隻貓咪在家裡出現了。 | 媽媽覺得太多隻貓咪了，阿真要怎麼辦？ |
| | (F) 繪本 p.32-33<br>貓咪送走了，媽媽說：「我們家養一隻貓就夠了。」但是…… | 猜猜看，發生什麼事了？ |

## 案例二：3月6日星期一小貓出生囉！（石玫芳）

二年級「幾月幾日星期幾」單元後進行教學，使用繪本《小胡椒日記》，教學重點是整合本單元的時間概念並連結名稱月與週期月、名稱年與週期年的學習。教師教學的精彩事件有：(1) 跟著小貓咪成長日記進行一趟有趣的數學之旅：猜一猜出生的小貓咪有多大有多重、一星期是漫長的 7 天嗎？(2) 在數學旅程中認識生活的一週、一個月與一年：從星期二開始到下個星期一是 7 天也是一個星期、每個月的 6 號都是小胡椒的生日，那你的生日呢？教學時使用較多的閱讀策略是解釋閱讀材料提出理由支持、比較自己的經驗，解題策略是尋找樣式或規律、歸納或演繹，並以「讀數學繪本，無聲無息的烙印學習的痕跡」來撰寫教學心得。教師選擇的關鍵圖文和設計的關鍵提問如下：

| | 關鍵圖文說明 | 促進討論的關鍵提問 |
|---|---|---|
| 繪本教學重點 | (A) 繪本 p.4-5<br>雪兒貓媽咪在 3 月 6 日星期一生下 3 隻小貓，小貓的重量大概跟可口方塊糖（養樂多）一樣重。 | 1. 小貓出生的日期是幾月幾日星期幾？<br>2. 你怎麼知道是 3 月 6 日的？<br>3. 猜猜看，小貓剛出生時有多大？跟什麼東西差不多重？<br>4. 你是哪一天出生的？剛生出來也是這麼小嗎？ |
| | (B) 繪本 p.6-7<br>小貓已經出生一天了，麗莎和喬伊要等到一個星期後才能見到牠們。 | 1. 一星期有 7 天，從 3 月 7 日開始，哪一天才可以見到小貓咪們？<br>2. 剛出生的小貓咪都在做什麼？你剛出生時都做些什麼事？<br>3. 3 月 7 日開始，過了 4 個星期，是哪一天？你怎麼知道一星期？二星期？⋯⋯四星期？<br>4. 4 個星期有幾天？ |

| | |
|---|---|
| (C) 繪本 p.10-13<br>1. 4 月 6 日麗莎和喬伊在貓咪滿月這一天，確定飼養小胡椒。<br>2. 5 月 6 日麗莎和喬伊把 2 個月大的小胡椒帶回家。<br>3. 6 月 6 日麗莎和喬伊把 3 個月大的小胡椒帶去給醫生檢查。 | 1. 猜猜看，你覺得麗莎和喬伊會挑選哪一隻來養？<br>2. 從 3 月 7 日起到 4 月 6 日，小胡椒一個月大，一個月有幾天？為何這一個月的天數是 31 天？<br>3. 從 4 月 7 日起到 5 月 6 日又過了一個月，這一個月有幾天？為何這一個月的天數是 30 天？<br>4. 從 5 月 7 日起到 6 月 6 日又過了一個月，這一個月有幾天？為何這一個月的天數是 31 天？<br>5. 照顧小貓咪的心情和準備，是否與爸媽照顧你的心情是一樣的？ |
| (D) 繪本 p.16-19<br>放暑假了，7 月 20 日麗莎帶小胡椒去露營，8 月 28 日這一天，小胡椒已經出生 5 個月 3 週又 1 天了。 | 1. 小胡椒 4 個月生日是哪一天？7 月 6 日開始到 7 月 20 日是過了幾週又幾天？也可以說是多少天？<br>2. 小胡椒 5 個月生日是哪一天？8 月 6 日開始到 8 月 28 日是過了幾週又幾天？<br>3. 小胡椒從出生到 8 月 28 日過了幾個月幾週又幾天？<br>4. 這時的小貓咪會做哪些事情了？這時候的你會做哪些事情呢？ |
| (E) 繪本 p.20-27<br>9 月 15 日帶小胡椒去學校、10 月 31 日萬聖節幫小胡椒裝扮、11 月 23 日感恩節、12 月 9 日與小胡椒一起布置聖誕節裝飾。 | 1. 萬聖節這一天會做什麼裝扮？你喜歡這個節日嗎？為什麼？<br>2. 這時的小貓咪會做哪些事情了？你在這麼大的時候，會做哪些事呢？<br>3. 從 12 月 9 日開始，再過幾週又幾天就是聖誕節？<br>4. 你覺得麗莎和喬伊是否有盡到養寵物的責任？從哪裡可以看出來？ |

| (F) 繪本 p.28-31<br>新的一年的第一天 1 月 1 日元旦，2<br>月 14 日情人節這一天，還有 2 週又<br>6 天是小胡椒滿一歲的生日，麗莎和<br>喬伊為小胡椒準備慶生會。 | 1. 新的一年的元旦日，往前數幾天<br>　是聖誕節？<br>2. 還有 2 週又 6 天就是小胡椒的生<br>　日，2 週又 6 天是多少天？<br>3. 小胡椒從 3 月 6 日開始到隔年的 3<br>　月 6 日，剛好經過了多少個月，<br>　也就是一年？ |
| --- | --- |

　　案例一和案例二，這二篇的繪本教學案例，出自《數學繪本素養導向教學活動設計》（鍾靜指導，2020），都是臺北市國小數學輔導團成員的作品；該書共有 25 個案例，一到六年級都有，是以關鍵圖文及對應的關鍵提問來設計，提供教師教學參考；教師參考關鍵圖文，就可掌握要跟學童們討論的重要內容。該專書的案例是以數學繪本為核心、以一節課為主要的設計，進行閱讀與討論，可讓教師在教學上安排較有彈性。數學繪本的教學讓數學概念有溝通、思考的機會，也讓學童覺知數學在生活情境中存在，而且是有用、有趣的。

## 案例三：一人一半才公平（黃琡懿）

　　二年級「分數」單元之前進行教學，使用繪本《你一半我一半》，教學重點是透過生活中常見的離散量、連續量，以及情義上的平分，不涉及分數的語詞。教師教學的精彩事件是：怎樣分才公平？——你一個我一個、分完怎麼不一樣？不切怎麼辦？教學時使用較多的閱讀策略是比較自己的經驗、歸納與推論，解題策略是猜測與嘗試，並以「學生閱讀數學繪本的收穫——拿到一模一樣才公平、輪流和分享也是一種平分」，以及「繪本豐富了『一半』的內涵」來撰寫教學心得。教師提供的教學流程如下：

### 1. 發下每生一份閱讀學習單

　　請學生在看故事前先想一想：2 顆蘋果、10 顆糖果、1 條香腸、1 個方蛋糕和 1 個圓蛋糕、1 根胡蘿蔔、1 條繩子、1 隻狗、1 把傘，要怎麼平

分成兩份，並記錄在閱讀單上。

### 2. 繪本導讀《你一半我一半》

(1)停在 p.2，教師提問「兩個蘋果，兩人分，怎樣分才公平？」請學生先發表自己的想法，再翻到繪本故事下一頁，將繪本的答案記錄在閱讀單上，並和自己想的做比較。教師澄清：平分時，兩個人拿的蘋果數量一樣多，才公平。

(2)停在 p.4，教師提問「一條香腸，兩人分，怎樣分才公平？」請學生先發表自己的想法，再翻到繪本故事下一頁，將繪本的答案記錄在閱讀單上，並和自己想的做比較。教師澄清：切香腸時，要切在中間，兩個人拿的香腸要一樣多，才公平。

(3)停在 p.8，教師提問「一塊圓蛋糕，一塊方蛋糕，兩人分，怎樣分才公平？」請學生先發表自己的想法，再翻到繪本故事下一頁，將繪本的答案記錄在閱讀單上，並和自己想的做比較。教師澄清：平分兩塊不同形狀大小的蛋糕時，如果一人一塊會不公平，所以每個人各拿一半圓蛋糕和一半方蛋糕，這樣兩人拿到的蛋糕一樣多，才公平。

(4)停在 p.12，教師提問「一條胡蘿蔔，兩人分，怎樣分才公平？」請學生先發表自己的想法，再翻到繪本故事下一頁，將繪本的答案記錄在閱讀單上，並和自己想的做比較。教師澄清：切胡蘿蔔時，如果有人拿根，有人拿葉會不公平，所以每個人各拿一半根和一半葉，這樣兩人拿到的胡蘿蔔一樣多，才公平。

(5)停在 p.16，教師提問「一條繩子，兩人分，怎樣分才公平？」請學生先發表自己的想法，再翻到繪本故事下一頁，將繪本的答案記錄在閱讀單上，並和自己想的做比較。教師澄清：將繩子對折剪斷，這樣兩人拿到的繩子一樣長，才公平。但是，剪短的繩子不好用，大家一起分享會更好。

(6)停在 p.20，教師提問「一隻狗，兩人分，怎樣分才公平？」請學

生先發表自己的想法，再翻到繪本故事下一頁，將繪本的答案記錄在閱讀單上，並和自己想的做比較。教師澄清：小狗是生命，不能切一半，所以用兩人照顧的時間來平分。

(7)停在 p.24，教師提問「一把雨傘，兩人分，怎樣分才公平？」請學生先發表自己的想法，再翻到繪本故事下一頁，將繪本的答案記錄在閱讀單上，並和自己想的做比較。教師澄清：雨傘的使用時間如果一人一半，沒撐傘的那個人就淋溼了，所以兩個人一起撐傘會更好，有時候不用什麼東西都要平分，一起分享得到的好處或快樂反而更多。

(8)引導討論從繪本中我們可以學到什麼數學概念？「平分」就是指分完後，每一份都一樣，這樣才公平。

## 案例四：蜘蛛的神機妙算（詹婉華）

　　三年級的擴充學習，跟未來高年級課程有關，使用繪本《蜘蛛與糖果店》，教學重點是透過曾購買糖果的種類、次數，來預測將會購買的糖果種類；它是可能性和機率的前置概念。教師教學的精彩事件是：(1) 預測可不是隨便猜猜而已──小心觀察記錄、大膽推測、萬無一失的周全推測；(2) 學會推測才能掌握先機。教學時使用較多的閱讀策略是解釋閱讀材料提出理由支持、歸納與推論，解題策略是猜測與嘗試、歸納或演繹，並以「合理推測培養邏輯推理的能力」來撰寫教學心得。教師提供的教學流程如下：

1. 將《蜘蛛與糖果店》繪本的圖片製作 PPT，PPT 有文字，配合問題改變部分故事內容的順序，教師提問後先讓學童寫下想法再共同討論。

2. 教師朗讀繪本文句：

(1)以糖果店阿姨要趕蜘蛛離開糖果店的書頁，教師提問「你覺得蜘蛛會對老闆阿姨說些什麼？」讓學童猜測蜘蛛會用什麼方法讓糖

果店阿姨不趕走蜘蛛。

(2)以蜘蛛對糖果店阿姨說話的頁面，教師提問「蜘蛛如何知道客人要買的糖果？」讓學童猜測蜘蛛的方法並預測接下來會發生的事。

(3)以蜘蛛說咪咪以往買的糖果頁面，教師提問「為什麼蜘蛛知道咪咪會買棒棒糖？」引導學童發現蜘蛛由咪咪以往都是買棒棒糖，猜測咪咪這一次也會買棒棒糖。

(4)以菊兒以往買的糖果頁面，教師提問「你覺得蜘蛛會不會猜對？為什麼？」讓學童先進行猜測並說明理由，再根據頁面中蜘蛛的猜測，讓學童發現蜘蛛是根據菊兒之前買過的糖果進行猜測。

(5)以多多以往買的糖果頁面，教師提問「你覺得蜘蛛會怎麼猜？」先讓學童討論多多買了兩種不同的糖果要怎麼猜，再配合蜘蛛猜測的頁面，讓學童發現可以同時猜測兩種糖果。

(6)以芽芽以往買的糖果頁面，教師提問「你覺得蜘蛛會怎麼猜？」讓學童由之前蜘蛛猜測的方法，猜測蜘蛛會由芽芽以往買過三種糖果的紀錄，猜測芽芽會買三種糖果的其中一種。

(7)以糖果店阿姨猜測奶奶會買薄荷糖頁面，教師提問「你覺得老闆阿姨猜對了嗎？為什麼？」讓學童配合繪本故事或自己的生活經驗發表想法，再配合奶奶購買糖果的頁面，透過討論讓學童知道根據以往的紀錄進行猜測時，可能會因為其他因素影響預測的結果。

(8)讀完繪本，教師以故事結束頁面提問「為什麼蜘蛛說他會幫阿姨做生意？」讓學童由繪本故事發表他的想法。

(9)提出和故事相關問題「你覺得阿姨會不會把蜘蛛留下來？為什麼？」「你以前有沒有像蜘蛛一樣猜過某個事情的結果？你是怎麼猜的？」以及「你喜歡這個故事嗎？為什麼？」和學童進行討論。

(10)配合繪本的延伸問題提問「糖果店最受歡迎的糖果是哪一種？你怎麼知道的？」和學童共同統計繪本中各糖果賣出的數量後，再共同討論。

## 案例五：原來我的手這麼大（江佩瑤）

　　四年級「面積」單元的延伸學習，使用繪本《剪剪貼貼算面積》的部分內容，教學重點是利用非標準單位、一平方公分測量規則和不規則圖形的面積，並用剪貼方式實測手掌的面積。教師教學的精彩事件是：(1) 以 1 元硬幣作為測量單位估算不規則形面積；(2) 以平方公分板測量手掌大小。教學時使用較多的閱讀策略是解釋閱讀材料提出理由支持，解題策略是舉例或類比、模擬與操作、猜測與嘗試，並以「繪本結合生活情境豐富面積概念——運用身邊物品也能測量面積、擷取關鍵圖文帶領孩子動手操作」來撰寫教學心得。教師提供的教學流程如下：

1. 透過全班共同閱讀繪本，喚起學生相似經驗，提問「我們已經學過面積。有誰能說說看什麼是面積？」

2. 配合以下頁數進行討論：

(1) 從 p.1 圖中，我們可看出人們居住在城鎮、都市和鄉村裡，其中包含了商業區、文教區，提問「你還能說出哪些區域的名稱呢？教室裡是不是也有區域的劃分？有哪些部分呢？」

(2) 從 p.3 仔細觀察這兩張圖，區域的邊稱為「邊界」，提問「它們的邊界有什麼不一樣？」

(3) 從 p.4 書桌的桌面就是一個區域。說說看「哪個區域比書桌大？哪個區域比書桌小？」

(4) 配合 p.6，教師提問「你知道圖中的這兩個人在做什麼嗎？」

(5) 配合 p.7，教師提問「為什麼我們需要測量面積的大小呢？」「你會如何測量桌面的大小？」請你試試看，並試著描述。（學生使用非標準測量單位進行測量，例如：書本、考卷、橡皮擦。）

(6) 配合 p.8，試著用標準測量單位測量學習單上的區域（提供 1 元教具硬幣讓孩子們測量）。教師提醒「是鋪排於區域內？還是沿著區域的邊界鋪排呢？需要緊密鋪排嗎？為什麼？」學生鋪排後，教

師追問「32個1元硬幣的大小，就是這個不規則圖形的面積嗎？」「數數看，有幾個空隙？你認爲幾個空隙能當作 1 個 1 元硬幣的大小呢？」

(7)配合 p.17，介紹公制單位——平方公分，教師提問「住在日本的叔叔要爲水果奶奶買保暖手套，用1元硬幣作爲測量單位適合嗎？爲什麼？」

(8)教師發下學習單，提問「估估看，你的手有多大？」學生實際測量，教師提問「你的手有多大？手指應該併攏後測量，還是張開後測量，爲什麼？」

## 案例六：環遊世界探時差（古智有）

五年級時間相關單元的擴充及延伸學習，使用繪本《世界的一天》，教學重點是以世界九個地域爲藍本，探討時差概念，介紹時間的同步性與等時性。教師教學的精彩事件是：(1) 以世界各國獨特慶祝新年的生活實例作爲引導；(2) 發現將同頁面國家的當地時間用筆記彙整的妙用；(3) 透過討論固定國家的時差和經度形成共識。教學時使用較多的閱讀策略是比較自己的經驗與以前閱讀過的材料，解題策略是畫圖與製表、模擬與操作、歸納或演繹，並以「超越時空的想像在數學裡實現」來撰寫教學心得。教師提供的教學流程如下：

1. 在導讀繪本前，先讓學生閱覽跨年活動的新聞內容，再針對世界各國跨年活動的介紹內容進行討論，特別是新聞報導上特別註明「臺灣時間」與「當地時間」的緣由。

2. 爲學生導讀繪本《世界的一天》，導讀過程中，可配合地球儀的使用，讓學生了解各城市的地理位置，並請學生留意並記錄繪本故事發展的時間線。

3. 請學生就自己的觀察紀錄進行討論，教師可以詢問學生下列幾個問題：「從故事開始到下一個片段間（二個跨頁間），這些國家各

自經過了多少時間？有沒有一樣長呢？」協助學生掌握繪本中的數學元素。再進而提問「時間是不是同時往前進的呢？」

4. 引導學生進一步透過這些國家的時差與相對位置，思考城市位置與時間變化的關係。經過獨立思考或相互討論，逐一檢視與計算各國經緯度與時差的關係，學生可獲得兩個結論：(1) 位置在同一條經線上的國家，時間或時刻會相同；(2) 經度差 15 度時，時間約莫相差一個小時。

## 案例七：估算我最行（房昔梅）

六年級「認識運算規律」單元的延伸學習，使用繪本《猜猜誰會贏》，教學重點是介紹三種不同的估算策略：尋找規律、取整百的數，以及由部分推算出全體。教師教學的精彩事件是：(1)「估算」並不是亂猜；(2) 原來我的心算這麼強。教學時使用較多的閱讀策略是預測文中接下來會發生的事，解題策略是猜測與嘗試、模擬與操作、畫圖與製表，並以「跟計算機一樣厲害」來撰寫教學心得。教師提供的教學流程如下：

1. 將《猜猜誰會贏》繪本的圖片製作 PPT，由於繪本圖示含括重要解題資訊，因此 PPT 的內容為完整的繪本頁面，不省略任何一頁，教師依據頁面提問，並依實際情形調整頁面揭示的時間。學生進行小組討論，將討論結果呈現在四開圖畫紙上，但不作任何紙筆計算。

2. 配合繪本由學生導讀，教師在關鍵圖文處提問和討論：

(1) 教師以 p.8 及 p.9 的圖片提問「有什麼方法可以很快算出公車上的人數呢？」引導學生自由發表。

學生可能的回答：

① 我先算一行有幾個座位，乘以 4 再加上站著的人數。

② 一列有 4 個座位，再數一數共幾列，乘好再加上站著的人數。

③ 我先算走道左邊（或右邊）的人數，乘以 2 再加上站著的人數。

(2)教師繼續揭示繪本畫面，在 p.11 的地方稍停，引導學生比較自己的作法與故事主角的作法有什麼相同或不同的地方。

(3)教師以 p.14 及 p.15 的畫面提問「有什麼方法可以很快知道究竟有多少輛車塞在馬路上呢？」引導學生思考可能的估算策略。

學生可能的回答：

①我分顏色數，再把各種顏色的車加起來。

②我依照車子停放的方向數，再把它們加起來。

③我先算一個車道停了幾輛車，再乘上 4 個車道……。

(4)教師繼續揭示繪本畫面，在 p.17 的地方稍停，引導學生比較自己的作法與故事主角的作法有什麼相同或不同的地方。

(5)教師以 p.21 的畫面提問「怎樣可以不用紙筆，很快算出全部的價錢呢？」請學生進行小組討論，引導學生思考較有效率的心算方法。

學生可能的回答：

①把 2999 元想成 3000 元，把 410 元想成 400 元，把 599 元想成 600 元，把 305 元想成 300 元，再相加。

②把每一種價錢都想成最接近的幾百元再相加，就很容易心算出答案。

(6)教師繼續揭示繪本畫面，在 p.23 的地方稍停，引導學生討論本組的作法與故事主角的作法有什麼相同或不同的地方。

(7)教師揭示 p.26 的畫面，由於書本中的糖果罐並不完整，建議教師準備一罐與書本內容接近的糖果，並以透明圓罐盛裝，供各組學生前來觀察。同時提問「如果不倒出糖果，也不能觸碰糖果罐，能不能算出罐子裡大約有多少顆糖果？」請學生進行小組討論，並將想法記錄下來。

學生可能的回答：

①先算一層大約有幾顆，再算大約有幾層，之後再相乘。

②先把一層分為幾個區域再相加，之後再乘上幾層。

(8)教師繼續揭示繪本畫面，在 p.27 的地方稍停，引導學生討論本組的作法與故事主角的作法有什麼相同或不同的地方。

(9)結束繪本的故事之後，教師可以引導學生歸納本節課所使用的估算策略有哪些？

學生可能的回答：

①公車座位和塞車隊伍使用的是幾行乘上幾列的倍數方法。

②櫥窗裡的玩具使用的是把數字想成最接近幾千或幾百的方法。

③糖果罐裡的糖果使用的是先算出一小部分，再推算出全部的方法。

3. 為了檢驗學生是否確實學會三種估算的策略，教師可以請學生「估算教室中圖書的架子上，擺放了大約多少圖書？」了解學生是否能應用繪本所學，彈性配合情境，選擇適當的估算策略。也可以展示遊行或路跑的情境圖，引導學生思考參加活動的總人數是以何種方式估算的結果，讓數學知識與生活經驗充分結合。

案例三到案例七，這五篇繪本教學案例出自《數學繪本的精彩課堂：閱讀課與數學課》（鍾靜主編，2017），可到「https://mathseed.ntue.edu.tw/」找到；該書有 22 個案例，一到六年級都有，是以數學繪本為核心的閱讀課教學，或是將數學繪本融入數學單元的數學課教學，它讓數學概念有溝通、思考的機會，也讓學童覺知數學在生活情境中存在且有用、有趣。但本專書只以「數學繪本為核心」的閱讀課案例來推廣，在數學課進行繪本教學，就是閱讀課的概念；因為以繪本為補充教材，進行一節課為閱讀和討論的教學，教師在教學上安排較有彈性，和單元教學的內容也較易銜接。

最後，作者想分享最近一年多，親自指導的兩個臺北市國小數學輔導團、兩個國小校內的繪本教學公開課，她們都是先從掌握數學繪本的「關鍵圖文」開始，再進一步考量教學時機和重點，轉換成「發展活動」的主要內容。

## 公開課一：三年級「除法」單元教學後（嘉義縣東石國小陳欣民主任）

　　本教學活動是以《遊樂嘉年華》的故事情境爲核心，在學童已認識「÷」，也學過除數一位、商是一位，有餘數或沒有餘數的除法後，幫助學童認識餘數和除數的關係。本繪本的內容也可用在此單元教學之前，協助學童建立「÷」概念及除式意義，但本節課是用在「除法」概念教學後，讓學童配合故事情境列式並求解：$11÷2=5⋯1$、$11÷3=3⋯2$、$11÷4=2⋯3$，進而引導學童觀察被除數不變、除數改變時，餘數和除數的關係，強化「餘數比除數小」的概念；再從故事情境中初探 $11÷14=0⋯11$ 的列式，認識被除數也可比除數小。最後，總結活動由 $14÷14=1⋯0$ 開始，延伸故事情境列出 $15÷3=5⋯0$、$16÷3=5⋯1$、$17÷3=5⋯2$、$18÷3=6⋯0$，檢驗被除數改變、除數不變，也有「餘數比除數小」的性質。引入活動、開展活動、總結活動的安排如下：

| 教學流程 | 促進討論的關鍵提問 | 學生可能的反應 | 評量方式 |
|---|---|---|---|
| **1. 引入活動：繪本導讀**<br>• 從繪本封面臆測本書內容：你看到什麼？幾個小朋友坐在上面？猜猜看這本書要談什麼呢？<br>• p.4-5 介紹「場景」和「主角」：11 位小朋友。<br>• 以簡報呈現繪本，請學生觀察從封面到第 5 頁的畫面，思考遊樂園各項設施的座位可能的安排方式。 | 1-1 你有類似經驗嗎？遊樂園裡面有哪些遊樂設施呢？坐雲霄飛車、摩天輪、海盜船、咖啡杯……要注意什麼呢？<br><br>1-2 全班要一起行動，你猜 11 位學生都要坐上同一個遊樂設施的話，有可能會發生什麼事？ | ➢ 可能回答：<br>①看到遊樂園！<br>②看到雲霄飛車！<br>③看到摩天輪！<br><br>➢ 可能回答：<br>①要坐滿才能開動！<br>②可能坐不滿…… | 口頭評量<br><br><br><br><br>觀察評量 |

**179**

| 教學流程 | 促進討論的關鍵提問 | 學生可能的反應 | 評量方式 |
|---|---|---|---|
| **2. 發展活動（一）：提問與討論——雲霄飛車情境（p.6-7）**<br>• 雲霄飛車每個座位可坐 2 個人，11 位好朋友可以坐滿 5 個座位，但有 1 位好朋友被留下來了。 | 2-1 教師布題，請學生自己解題：「雲霄飛車每個座位可坐 2 個人，11 位好朋友可以坐滿幾個座位？留下幾人？」並請一位學生到黑板寫算式！<br><br>2-2 承接上題，要怎麼解決「雲霄飛車每個座位可坐 2 個人，每個座位都被坐滿才可開動？」的問題？<br><br><br><br><br><br><br>2-3 算式 11+1 裡的「+1」是什麼意思呢？ | ➤ 應能回答：<br>① 11÷2＝5…1<br>② 可坐滿 5 個座位，但留下 1 個人！<br>③ 被除數是 11，除數是 2，商數是 5，餘數是 1。<br>➤ 應能回答：<br>① 再找一位小朋友合搭就行了。<br>② 因為 6 個座位都要坐滿人，2×6＝12，需要 12 位小朋友，但是只有 11 位好朋友，所以差了 1 位小朋友。<br><br>➤ 應能回答：輔助的小圖示上少了一個星星，也就是少了一個小朋友。 | 口頭評量<br><br><br><br><br><br>觀察評量 |
| **3. 發展活動（二）：提問與討論——摩天輪情境（p.12-13）**<br>• 摩天輪每個座位要坐 3 人，11 位好朋友可以坐滿 3 個座位，但是，有 2 位 | 3-1 教師布題，請學生自己解題：「摩天輪每個座位可坐 3 個人，11 位好朋友可以坐滿幾個座 | ➤ 應能回答：<br>① 11÷3＝3…2<br>② 可坐滿 3 個座位，但留下 2 個人！ | 口頭評量 |

| 教學流程 | 促進討論的關鍵提問 | 學生可能的反應 | 評量方式 |
|---|---|---|---|
| 好朋友被留下來了。 | 位？留下幾人？」並請一位學生到黑板寫算式！<br><br>3-2 承接上題，要怎麼解決「摩天輪每個座位可坐3個人，每個座位都被坐滿才可開動？」的問題？<br><br><br><br>3-3 算式11+1裡的「+1」是什麼意思呢？ | ③被除數是11，除數是3，商數是3，餘數是2。<br>➤應能回答：<br>①再找一位小朋友一起搭就行了。<br>②因為每個座位都要坐滿3人，只要再補1位小朋友就可以坐滿了。<br>➤應能回答：輔助的小圖示上少了一個星星，也就是少了一個小朋友。 | 觀察評量 |
| **4. 發展活動（三）：提問與討論──咖啡杯情境（p.18-19）**<br>• 咖啡杯每個座位要坐4人，11位好朋友可以坐滿2個咖啡杯，但是，有3位好朋友被留下來了。 | 4-1 教師布題，請學生自己解題：「咖啡杯每個座位可坐4個人，11位好朋友可以坐滿幾個座位？留下幾人？」並請一位學生到黑板寫算式！<br><br>4-2 承接上題，要怎麼解決「咖啡杯每個座位可坐4個人，每個座位都被坐滿才可開動？」的問題？ | ➤應能回答：<br>①11÷4＝2…3<br>②可坐滿2個座位，但留下3個人！<br>③被除數是11，除數是4，商數是2，餘數是3。<br>➤應能回答：<br>①再找一位小朋友合搭就行了。<br>②因為每個座位都要坐滿4人，只要再補1位小朋友就可以坐滿了。 | 口頭評量<br><br><br><br><br>觀察評量 |

| 教學流程 | 促進討論的關鍵提問 | 學生可能的反應 | 評量方式 |
|---|---|---|---|
| | 4-3 算式 11+1 裡的「+1」是什麼意思呢 | ➢ 應能回答：輔助的小圖示上少了一個星星，也就是少了一個小朋友？ | |
| **5. 發展活動（四）：提問與討論──觀察算式規律**<br>• 餘數的關係<br>• 餘數與總量的關係<br><br><br><br><br>• 餘數與補人的關係 | 5-1 比較雲霄飛車、摩天輪和咖啡杯的座位情境，你發現了什麼？<br>$11\div2=5\cdots1$<br>$11\div3=3\cdots2$<br>$11\div4=2\cdots3$<br><br>5-2 你怎麼知道再補一人就夠了呢？ | ➢ 應能回答：<br>① 我發現餘數都比除數小。<br>② 我發現被除數 ＝ 除數 × 商 ＋ 餘數<br><br>➢ 應能回答：我發現只要餘數「+1」即可整除。 | 口頭評量<br><br><br><br>觀察評量 |
| **6. 發展活動（五）：提問與討論──橡皮艇情境（p.24-25）**<br>• 橡皮艇總共有 14 個座位，我們 11 位好朋友……要坐滿所有的座位，還需要加入 3 位好朋友。 | 6-1 教師布題，請學生自己解題：「橡皮艇總共有 14 個座位，我們只有 11 位小朋友，那怎麼辦呢？」並請一位學生到黑板寫算式！<br>6-2 前面的問題都以除法解題，11 人平分 14 個座位時，也是除法問題嗎？ | ➢ 應能回答：<br>① $11\div14=0\cdots11$<br>② 14-3=11<br>③ 11+3=14<br>因為要坐滿才能開動。<br>➢ 應能回答：從剛開始算式的情境脈絡去推論，仍是除法問題。 | 口頭評量<br><br><br><br>觀察評量 |

| 教學流程 | 促進討論的關鍵提問 | 學生可能的反應 | 評量方式 |
|---|---|---|---|
| | 6-3 承第 2 題，如果這題也是除法問題，被除數是什麼？除數是什麼？ | ➢ 應能回答：<br>$11 \div 2 = 5 \cdots 1$<br>$11 \div 3 = 3 \cdots 2$<br>$11 \div 4 = 2 \cdots 3$<br>$11 \div 14 = 0 \cdots 11$ | |
| **7. 總結活動** | 7-1 說說看繪本說什麼？（摘取大意）<br><br>7-2 教師布題，請學生自己解題：「這群孩子去坐摩天輪的時候，剛好隔壁班的 4 個小朋友也要一起坐」，請問現在有幾個人要坐摩天輪？摩天輪可以開動嗎？怎麼列算式？<br>「如果隔壁班是 5 位小朋友也要一起坐」，請問現在有幾個人要坐摩天輪？摩天輪可以開動嗎？怎麼列算式？<br>「如果隔壁班是 6 位小朋友也要一起坐」，請問現在有幾個人要坐摩天輪？摩天輪可以開動嗎？怎麼列算式？<br><br>7-3 比較這三個被除數改變、除數不變的除法算式：<br>(1) 你發現了餘數和除數有什麼關係？<br>(2) 請學生檢驗是否符合其推論的關係？ | ➢ 可能回答：略<br><br>➢ 教師配合師生對話，寫下三個算式：<br>$15 \div 3 =$<br>$16 \div 3 =$<br>$17 \div 3 =$<br>請學生完成解題。<br><br><br>➢ 學生能說出這些算式也是「餘數比除數小」的關係。 | 口頭評量<br>觀察評量 |

## 公開課二：四年級「統計圖」單元教學前

（臺北市輔導員陳蕙菁／濱江國小）

四年級「統計圖」單元，包含了認識生活中的統計圖、報讀長條圖、報讀折線圖、報讀複雜的統計圖等學習內容，課本圖表雖皆取材於生活，卻不易體會「統計」是一連串動態的、綜合性的活動總合，涉及到分類、歸納與數的計算。因此，進入「統計圖」單元教學前，透過《嘿！圖表眞好用》的故事情境爲核心，喚起學生低年級分類、劃記（畫正字、畫圈圈）的「分類與統計」先備知識，並在課堂中初探「長條圖」這種統計圖。認識圖表的同時，跟著故事主角經驗處理資料的歷程：蒐集資料、整理資料、呈現資料到解釋資料，了解圖表的製作過程，藉此引領學生掌握「統計圖表」的功能，進而爲製作統計圖做準備。此教學設計考量《嘿！圖表眞好用》文字量較多，且四年級學生應具備獨立閱讀的能力，因此採取於上課前先讓學生自行閱讀繪本，再於課堂中由教師透過關鍵性問話促進討論的方式進行教學。引入活動、開展活動、總結活動的安排如下：

| 教學流程 | 促進討論的關鍵提問 | 學生可能的反應 | 評量方式 |
|---|---|---|---|
| **1.引入活動：繪本導讀**<br>• 以全班討論方式檢核學生課前獨立閱讀的情形。 | 1-1 這本繪本在講些什麼？ | ➢ 可能說出：<br>① 巴特做了很多圖表上台報告自己的生活。<br>② 可以算得出來、量得出來，或是可以分門別類的，都可以做成圖表。 | 口頭評量 |

| 教學流程 | 促進討論的關鍵提問 | 學生可能的反應 | 評量方式 |
|---|---|---|---|
| • 以簡報呈現繪本進行故事回顧，並透過繪本文字引入統計概念：可以用圖表整理任何資料；算得出來、量得出來、可以分類的都可以做成圖表。 | 1-2 對於這本繪本，你印象最深刻的是什麼？ | ➢ 可能說出：<br>① 我印象最深的是媽媽做的冰淇淋銷售圖。<br>② 我印象最深的是巴特什麼事都做成圖表。<br>➢ 專注聆聽。 | 口頭評量<br><br>觀察評量 |
| **2. 發展活動：提問與討論 (1)**<br>• 教師以簡報呈現故事中的「投籃大賽得分記錄」，並進行全班討論。<br><br>我的投籃大賽<br>得分記錄<br>巴特　潔西卡 | 2-1 從這張圖表，你知道是誰贏了嗎？你怎麼知道的？<br><br><br><br>2-2 巴特和潔西卡沒投進的次數各是多少？ | ➢ 可能說出：巴特贏了，因為他的有 12 顆籃球，代表 12 分，潔西卡的有 11 顆籃球，代表 11 分。<br>➢ 可能說出：<br>① 記錄表上沒有寫每人投幾次球。<br>② 故事有說每人投 20 球，所以巴特有 8 球沒投進，潔西卡有 9 球沒投進。 | 口頭評量<br><br><br><br>口頭評量 |
| **3. 發展活動：提問與討論 (2)**<br>• 教師以簡報呈現故事中以正字畫記的「球員卡收藏記錄」，並進行全班討論。 | 3-1 從這張圖可以知道巴特有哪幾種球員卡？ | ➢ 應能回答：有棒球卡、籃球卡、足球卡，共三種。 | 口頭評量 |

| 教學流程 | 促進討論的關鍵提問 | 學生可能的反應 | 評量方式 |
|---|---|---|---|
| 我的球員卡收藏記錄<br>棒球卡 正正正正正正<br>正正正正正正<br>籃球卡 正正正正正正<br>足球卡 正正 | 3-2 數量最多的是什麼卡？有多少張？你怎麼知道的？ | ➢ 應能回答：棒球卡最多，有60張；一個正字代表5張卡，5個5個一數，就可以知道有幾張卡。 | 口頭評量 |
| | 3-3 要再蒐集幾張籃球卡，才能讓籃球卡和棒球卡一樣多？ | ➢ 應能回答：30張。 | 口頭評量 |
| | 3-4 從這張圖，還可以知道什麼訊息？ | ➢ 可能說出：可以知道巴特所有的球員卡合起來共有多少張。 | 口頭評量 |
| **4. 發展活動：提問與討論 (3)**<br>• 教師以簡報呈現故事中的「冰淇淋銷售表」，並進行全班討論。<br> | 4-1 這張圖下面寫著香草、草莓、藍莓……這表示什麼？ | ➢ 應能回答：這些是冰淇淋的口味；表示有6種冰淇淋口味。 | 口頭評量 |
| | 4-2 左邊的刻度和數字表示什麼？ | ➢ 應能回答：表示冰淇淋賣掉的盒數。 | 口頭評量 |
| | 4-3 銷售最好的是什麼口味的冰淇淋？賣了多少盒？你怎麼知道的？ | ➢ 可能說出：覆盆子賣得最好，因為它的圖最高；賣了40盒，因為最高的地方對到左邊是40。 | 口頭評量 |
| • 進行小組討論與發表。 | 4-4 和同組同學討論一下，還有哪些問題可以從這張圖找到答案？ | ➢ 可能說出：<br>① 可以知道每種口味的冰淇淋賣了多少盒。<br>② 可以算出總共賣出多少盒冰淇淋。 | 觀察評量口頭評量 |

| 教學流程 | 促進討論的關鍵提問 | 學生可能的反應 | 評量方式 |
|---|---|---|---|
| **5. 發展活動：提問與討論 (4)**<br>• 教師以簡報同時呈現：投籃大賽得分記錄、球員卡收藏記錄、冰淇淋銷售表，並進行全班討論。<br><br><br><br><br><br>• 事先將冰淇淋銷售數據轉化成「以圓圈畫記」和「以正字畫記」的兩種圖表，並與長條圖同時呈現。請三名學生每人看一種圖表，回答教師的問題：草莓賣了幾盒？巧克力賣了幾盒？覆盆子和檸檬的銷售量差了多少盒？<br><br> | 5-1 這三種圖表有什麼不同？ | ➢ 可能說出：<br>① 一個畫出實際的東西來表示數量，一個用正字符號表示，一個用高度表示。<br>② 「投籃大賽得分記錄」、「球員卡收藏記錄」沒有數字和刻度，「冰淇淋銷售表」有數字和刻度。<br>➢ 觀察圖表的不同，以及三位同學的回答情形。 | 口頭評量 |

| 教學流程 | 促進討論的關鍵提問 | 學生可能的反應 | 評量方式 |
|---|---|---|---|
| <br>• 進行全班討論。 | 5-2 像「冰淇淋銷售表」一樣，用長長短短的長條來表示數量的圖，稱為「長條圖」。類別多、數量多的時候，這種長條圖比起畫正字、畫圈圈的圖表，有什麼優點？ | ➤ 可能說出：<br>① 數量多的時候，長條圖不用慢慢數，直接可以看出數量，也比較不會數錯。<br>② 畫正字比畫圈圈不容易數錯，但還是要數才知道數量。 | 觀察評量<br>口頭評量 |
| **6.發展活動：提問與討論 (5)**<br>• 教師以簡報呈現「冰淇淋銷售表」，並進行全班討論。 | 6-1 這張「冰淇淋銷售長條圖」和繪本裡面哪張圖表長得很像？ | ➤ 應能回答：身高記錄圖。 | 口頭評量 |
| • 教師以簡報同時呈現「冰淇淋銷售表」、「身高記錄圖」，並進行全班討論。 | 6-2 這兩張圖有什麼相同或不同？ | ➤ 可能說出：<br>① 兩張左邊都有刻度和數字，都有高高低低的長條。 | 口頭評量 |

| 教學流程 | 促進討論的關鍵提問 | 學生可能的反應 | 評量方式 |
|---|---|---|---|
| | 6-3 巴特如果要在班上報告，這張身高圖要加些什麼會更清楚？ | ②一個有寫這是什麼圖，一個沒有。<br>➢ 可能說出：要寫出這是什麼圖。 | 口頭評量 |
| **7. 總結活動**<br>• 教師以簡報呈現繪本封面與書名。 | 7-1 這本繪本書名是「圖表真好用」。什麼樣的資料可以整理成圖表？ | ➢ 可能說出：只要能算得出來、量得出來、可以分類的，都可以做成圖表。 | 口頭評量 |
| | 7-2 想一想，使用圖表的好處是什麼？請寫在數學筆記本，下次與同學分享。 | ➢ 將想法記錄在數學筆記本。 | 紙筆評量 |
| • 發給每生一張便利貼。黑板上貼字條：香草、草莓、巧克力。 | 7-3 老師要請全班吃冰淇淋，但要先調查大家喜歡的冰淇淋口味。賣場的冰淇淋有三種口味，分別是香草、草莓、巧克力。喜歡香草的舉手……一個個數好麻煩，也不知道有沒有人多舉少舉。請你把便利貼貼在你喜歡的口味上面，貼的時候由下而上像磚塊一樣堆疊。 | ➢ 依據自己喜好在黑板上貼便利貼。 | 觀察評量 |
| • 依據全班貼好的冰淇淋口味喜好長條圖進行總結。 | 7-4 我們全班一起完成了一張長條圖耶！這張長條圖還少了什麼？這張圖可以看出什麼訊息？ | ➢ 應能回答：圖的名稱、左邊的數字和刻度、單位；最多人喜歡的冰淇淋口味、最少人喜歡的冰淇淋口味。 | 觀察評量<br>口語評量 |

## 公開課三：五年級「比率與應用」單元教學後

（臺北市武功國小黃琡懿老師）

　　國小數學課本的題型偶而會出現成本收益的單一布題，然而學生對於其概念模糊，常淪為計算而計算，不易感受到「收益率」跟比率應用的關聯。透過《園遊會超級小賣家》的故事脈絡，在學生熟悉的園遊會情境中，讓學生理解收入並非真正的收益，必須減去成本。學生基本上都是消費者角色，在繪本引導下，從賣家的觀點思考怎麼樣才能賺最多錢？因為要比較不同的商品哪個最賺錢，有了計算「收益率」的需求；更進一步，因為分數表示的收益率不容易比較，引出了使用「百分率」的需求。最後，配合故事情境讓學生思考，合理的「降價促銷」不是降任意的金額都可以，而是需要考量成本，賣的價格必須高於成本才不會虧錢；藉由比率的應用，可以輕鬆知道「打折」折數的設定。在繪本中透過買和賣餅乾，將「比率」及「百分率」的學習加以應用與推廣。

　　因此，在五年級「比率與應用」單元教學後，透過《園遊會超級小賣家》的故事情境，引導學生運用比率概念來思考，靈活應用比率和百分率概念來解決問題，並了解「％」的由來。本教學設計考量高年級學生已具備獨立閱讀的能力，教學前先讓學生自行閱讀繪本，再於課堂中由教師透過關鍵性問話，來確認學童對繪本故事的掌握，以及師生、生生間進行關鍵圖文的討論。引入活動、開展活動、總結活動的安排如下：

| 教學流程 | 促進討論的關鍵提問 | 學生可能的反應 | 評量方式 |
|---|---|---|---|
| **1.引入活動：回顧繪本故事**<br>• 討論繪本內容大綱及主題。 | 1-1 這本故事主要在說什麼？ | ➤ 可能回答：<br>① 他們要辦園遊會攤位。 | 口頭評量 |

| 教學流程 | 促進討論的關鍵提問 | 學生可能的反應 | 評量方式 |
|---|---|---|---|
| • 回顧繪本故事 p.1-6 內容，並檢核學生對繪本故事的理解。 | | ② 他們挑選收益最高的餅乾種類來賣。<br>③ 他們用比率來算收益。 | |
| | 1-2 故事中，大家想在園遊會賣什麼商品？怎麼賣？ | ➤ 應能回答：想賣餅乾。賣大包裝的餅乾分裝成小袋。 | 口頭評量 |
| | 1-3 他們怎麼決定餅乾的價格和重量？ | ➤ 應能回答：根據辰辰之前買餅乾的經驗，決定一袋餅乾 50 公克，賣比市面上的便宜，賣 50 元。 | |
| **2. 發展活動：提問與討論 (1) —— 認識成本、收益及其關係**<br>• 全班討論繪本頁面 p.7「阿亮認為一袋餅乾 50 元，如果賣出 20 袋，就可以賺 1000 元。」 | 2-1 什麼是「賺 1000 元」？1000 元是真正賺到的錢嗎？ | ➤ 可能回答：<br>① 1000 元不是真正賺到的，因為有先付錢買餅乾和包裝袋等。<br>② 1000 元只是收到的錢，要扣掉之前付出去的錢，才是真正賺的錢。 | 口頭評量 |
| | 2-2「收入」、「成本」、「收益」是指什麼？ | ➤ 可能回答：<br>①「收入」是賣東西拿到的錢。 | 口頭評量 |

| 教學流程 | 促進討論的關鍵提問 | 學生可能的反應 | 評量方式 |
|---|---|---|---|
| • 全班討論繪本頁面 p.8「三種餅乾的重量和收入的頁面」。 | 2-3 真正賺到的錢叫做「收益」，是怎麼算出來的？<br><br>2-4 收入一樣時，成本和收益有什麼關係？怎麼讓收益更多？<br><br>2-5 這三種餅乾重量不一樣，可以分裝的袋數和收入，是怎麼知道的？<br><br><br><br><br><br><br><br><br><br>2-6 直接選收入金額最高的圈圈餅乾，就可以賺最多嗎？ | ②「成本」是買餅乾、包裝的錢。<br>③「收益」是真正賺到的錢。<br>➤ 應能回答：收入－成本＝收益。<br><br>➤ 應能回答：收入一樣時，成本越低，收入就會越高。<br><br>➤ 可能回答：<br>①一袋是 50 公克，餅乾重量除以 50 就可以知道可以分裝成多少袋。<br>②一袋賣 50 元，50 元乘以袋數就可以知道收入的金額。<br>➤ 可能回答：<br>①不一定，還要看成本的高低。<br>②萬一圈圈餅乾的成本也很高，賺得就不一定多。 | 口頭評量<br><br><br>口頭評量<br><br><br>口頭評量<br><br><br><br><br><br><br><br><br>口頭評量 |
| **3. 發展活動：提問與討論 (2) —— 以收益率、收益百分率比較三種餅乾收益，決定餅乾種類**<br>• 全班討論繪本頁面 p.9「三種餅乾的成本」。 | 3-1 這三種餅乾的成本包含什麼項目？ | ➤ 應能回答：包含餅乾的錢和包裝的費用。 | 口頭評量 |

| 教學流程 | 促進討論的關鍵提問 | 學生可能的反應 | 評量方式 |
|---|---|---|---|
| | 3-2 為什麼包裝袋數不同的餅乾，包裝費用會一樣呢？ | ➤ 應能回答：包裝袋有固定的分量，如果不夠用，才要再多買，夠用就不用再買了。 | 口頭評量 |
| | 3-3 哪一種餅乾的成本最低？我們直接選成本最低的餅乾就可以賺最多嗎？ | ➤ 可能回答：小熊餅乾成本最低。但是一袋小熊餅乾的分量也最少，收入也最少，所以不能直接比較。 | 口頭評量 |
| • 全班討論繪本頁面 p.10「比較三種餅乾收益率」。 | 3-4 這三種餅乾的成本和收入都不一樣，怎麼知道哪一種最賺錢？ | ➤ 可能回答：可以比較收益率。 | 口頭評量 |
| | 3-5 收益率是什麼意思？ | ➤ 應能回答：收益占收入的比率。 | 口頭評量 |
| • 進行小組討論與發表。 | 3-6 小組討論：這三種餅乾的收益率是怎麼算出來的？ | ➤ 可能回答：<br>①先算：收入－成本＝收益<br>再算：收益÷收入＝收益率。<br>②帶入數字計算驗證。 | 觀察評量<br>口頭評量 |
| • 教師先提問，再翻頁。全班討論 p.11-13 用百分率表示收益率，並認識百分率的由來。 | 3-7 用分數表示的收益率，方便一眼就比較大小嗎？如果不行？有什麼更好的表示法？ | ➤ 可能回答：分數的分母不同，不容易直接比大小，可以換成百分率，分母就都相同，是 100。 | 口頭評量 |

| 教學流程 | 促進討論的關鍵提問 | 學生可能的反應 | 評量方式 |
|---|---|---|---|
| • 進行小組討論與發表。 | 3-8 小組討論：三種餅乾收益率怎麼用百分率表示？ | ➤ 可能回答：<br>① 收益率 $\frac{1}{2} = \frac{50}{100}$ $= 50\%$。<br>② 收益率 $\frac{3}{5} = 0.6$ $= 60\%$。<br>③ 收益率 $\frac{47}{100} = 47\%$ | 觀察評量 口頭評量 |
| • 進行全班討論 | 3-9 哪一種餅乾的收益率最高？60% 表示什麼意思？為什麼要選收益率最高的餅乾？ | ➤ 可能回答：<br>① 愛心餅乾的收益率最高，表示如果收入 100 元，其中收益是 60 元。<br>② 收益率最高表示一樣的收入，實際上賺的錢最多。 | 口頭評量 |
| **4. 發展活動：提問與討論 (3)──應用收益率決定拍賣價格**<br>• 全班討論繪本頁面 p.14、p.15「決定販賣的餅乾數量」。 | 4-1 餅乾賣越多，賺得就越多，對嗎？ | ➤ 可能回答：園遊會時間有限，沒賣完反而虧錢。 | 口頭評量 |
| | 4-2 故事中決定餅乾數量，考慮了哪些因素呢？決定賣幾袋餅乾？買幾大包？ | ➤ 可能回答：<br>① 販賣的時間、可能有多少人來買……<br>② 賣 90 袋，要買 3 大包餅乾。 | 口頭評量 |
| • 園遊會快結束了，還有沒賣出去的餅乾，全班討論繪本頁面 p.19-21「決定拍賣的打折數」。 | 4-3 打折的折數越低越好嗎？ | ➤ 可能回答：打折太低，如果低於成本就會虧錢。 | 口頭評量 |

| 教學流程 | 促進討論的關鍵提問 | 學生可能的反應 | 評量方式 |
|---|---|---|---|
| | 4-4 拍賣的時候，要怎麼決定拍賣的價格，才不會虧錢？ | ➤ 可能回答：<br>①要賣得比成本高。<br>②要先知道一包餅乾的成本有多少，只要打折的折數比成本高，就是有賺錢。 | 口頭評量 |
| | 4-5 怎麼知道餅乾的成本比率？ | ➤ 可能回答：成本和收益的比率合起來是100%，收益率是60%，成本占收入的比率就是40%。 | 口頭評量 |
| | 4-6 打5折會賺錢嗎？ | ➤ 可能回答：打5折是50%，比成本40%高，賺10%。 | 口頭評量 |
| **5. 總結活動**<br>• 教師把剩下的故事請學生說出大意。<br><br>• 全班討論。 | 5-1 說說看故事最後的情節。 | ➤ 可能回答：餅乾都賣完，賺的錢捐給慈善機構。 | 口頭評量 |
| | 5-2 說說看從繪本中用到哪些我們學過的數學知識？ | ➤ 可能回答：<br>①怎麼算比率。<br>②怎麼算百分率。<br>③部分量的比率合起來是100%，也就是1。<br>④用百分率比較好比較。 | 口頭評量 |

| 教學流程 | 促進討論的關鍵提問 | 學生可能的反應 | 評量方式 |
|---|---|---|---|
| | 5-3 故事中用百分率來比較不同餅乾的收益率會比較容易判斷，百分率表示什麼意思？百分率的符號是怎麼演變的呢？ | ➤ 可能回答：<br>①百分率表示每100個中所占的個數，也就是分母是100時的比率。<br>②原來是寫成「per 100」符號，後來變成「per 0/0」，再簡化成「0/0」，最後就變成現在的符號「%」。 | 口頭評量 |
| | 5-4 從這本繪本你學到怎麼當一個超級小賣家呢？ | ➤ 可能回答：<br>①賣東西要考慮成本和收益。<br>②收益率越高的商品才會賺越多錢。<br>③打折的價格不可以低於成本。 | 口頭評量 |

## 公開課四：六年級「可能性」單元教學前

（臺北市輔導員吳欣悅／文昌國小）

「可能性」是98新課綱數學領域的新增內容，它是國中階段正式學「機率」之前的前置概念。生活中隨處可見我們對某些事情的推測，例如：今天晚餐可能吃什麼、今天會不會下雨、統一發票會不會中獎、假日可能去哪裡……，這些推測的結果，有時候會發生，有時侯不會發生。然而這些推測不是憑空亂猜，而是根據某些現象來判斷，有些事情雖然「很有可能」發生，但仍然有可能不會發生；有些事情「很不可能」發生，但仍然有可能會發生。

　　學童在生活中探討「可能性」的經驗不多，但是能在「可能性」單元教學前，藉由《開心果冰淇淋》主角傑克經歷了午餐煙燻牛肉事件、足球分組事件、足球點心事件、披薩日事件和冰淇淋事件等四個事件，來推測該事情「很有可能」（可能性很大）發生、「很不可能」（可能性很小）發生，以及「A 比 B 可能」發生。這本繪本不建議課前請學童先閱讀，

| 教學流程 | 促進討論的關鍵提問 | 學生可能的反應 | 評量方式 |
|---|---|---|---|
| **1. 引入活動：繪本導讀**<br>• 以繪本封面引起學生興趣。<br> | 1-1 猜猜看，這本繪本在說些什麼呢？ | ➢ 可能回答：<br>① 很開心吃冰淇淋。<br>② 主角是一個男生。<br>③ 在圖書館借的繪本。<br>…… | 口頭評量<br><br>觀察評量 |
| **2. 發展活動：提問與討論——煙燻牛肉事件**<br>• 教師以簡報呈現並呈現故事中文字資料，同時進行全班討論。<br>p.8<br> | 2-1 傑克的同學艾瑪很可能吃煙燻牛肉，「很可能」是什麼意思呢？從哪裡的證據可以判斷呢？<br><br>2-2 所以，傑克不喜歡吃鮪魚口味，想要和艾瑪交換。請判斷星期一艾瑪吃煙燻牛肉的可能性如何呢？ | ➢ 可能回答：從艾瑪上個星期的午餐內容只有星期四帶湯，其他一、二、三、五都吃煙燻牛肉來看。<br><br>➢ 可能回答：艾瑪星期一吃煙燻牛肉的可能性很高，或者說很有可能，所以傑克可以和艾瑪交換。 | 口頭評量<br><br><br>口頭評量 |

| 教學流程 | 促進討論的關鍵提問 | 學生可能的反應 | 評量方式 |
|---|---|---|---|
| 結果呢？ | 2-3 有沒有可能艾瑪星期一不是吃煙燻牛肉，交換之後也吃不到呢？ | ➤ 可能回答：有可能，只是從資料來看，可能性很小，但不是完全不可能。 | 口頭評量 |
| **3. 發展活動：提問與討論——足球分組事件**<br>• 教師以簡報呈現並呈現故事中文字資料，同時進行全班討論。<br>p.13<br><br>p.15<br> | 3-1 傑克認為和艾力克斯同一組的可能性大嗎？為什麼呢？ | ➤ 可能回答：<br>①因為 1、2 數的時候，數到 1 的同一組，數到 2 的同一組。<br>②隔壁的同學不會同一組。<br>③可能性很大。<br>④因為，如果按照以前的分組方法，在同一組的可能性很大。 | 口頭評量 |
| | 3-2 有沒有可能傑克和艾力克斯不在同一組呢？ | ➤ 可能回答：老師不是 1、2 數的方式分組，而是不同的分組方法，例如按照班級座號。 | 口頭評量 |
| | 3-3 結果老師如何分組呢？ | ➤ 可能回答：老師分成 1、2、3 三組 | 口頭評量 |

| 教學流程 | 促進討論的關鍵提問 | 學生可能的反應 | 評量方式 |
|---|---|---|---|
| | 3-4 為什麼傑克知道他和艾力克斯不可能在同一組了？ | ➢ 可能回答：因爲傑克發現艾力克斯數到 2，輪到他的時候數到 1，所以，要跟克里斯換，會又數到 2，才有可能同一組。 | 口頭評量 |
| **4. 發展活動：提問與討論——足球點心事件**<br>p.17<br> | 4-1 練完足球有哪些點心可以吃呢？<br><br>4-2 分組討論：想想看，傑克看到大家拿到的點心結果，數量如何呢？拿到哪一種口味的可能性最大呢？ | ➢ 可能回答：有椒鹽脆餅、蘇打餅乾和爆米花。<br>➢ 可能回答：<br>①椒鹽脆餅 7 包、蘇打餅乾 5 包和爆米花 3 包。<br>②拿到爆米花可能性大，因爲爆米花被拿走得最少，所以剩下最多。<br>③也可能是椒鹽脆餅，因爲椒鹽脆餅本來就比較多，所以最可能拿到。<br>④也可能是蘇打餅乾，因爲剛好就拿到。<br>⑤因爲不知道籃子裡面各種點心還剩下多少，所以 | 分組討論發表 |

| 教學流程 | 促進討論的關鍵提問 | 學生可能的反應 | 評量方式 |
|---|---|---|---|
| | | 隨便挑的結果就算椒鹽脆餅剩下很少，被挑到的可能性還是有的。<br>⑥也有可能各種點心的數量本來就不一樣多。爆米花本來就很少，而椒鹽脆餅很多，所以，抽到椒鹽脆餅的可能性就大了。 | |
| **5. 發展活動：提問與討論──冰淇淋事件**<br>• 教師以簡報呈現並說明故事中情節。<br>p.25<br> | 5-1 媽媽說「我買了你最喜歡的」這個「你」指誰呢？ | ➤ 可能回答：<br>①可能是傑克。<br>②可能是瑞貝卡。<br>③所以兩個人都有可能。 | 口頭評量 |
| | 5-2 傑克和瑞貝卡各自喜歡吃什麼呢？ | ➤ 可能回答：<br>①傑克喜歡吃開心果冰淇淋。<br>②瑞貝卡喜歡吃巧克力。 | 口頭評量 |
| | 5-3 袋子裡有兩盒冰淇淋，可能是什麼口味的冰淇淋呢？ | ➤ 可能回答：<br>①都是開心果冰淇淋。<br>②都是巧克力冰淇淋。<br>③可能開心果和巧克力各一盒。 | 口頭評量 |

| 教學流程 | 促進討論的關鍵提問 | 學生可能的反應 | 評量方式 |
|---|---|---|---|
| | 5-4 當瑞貝卡拿到巧克力冰淇淋之後，傑克拿到開心果冰淇淋比巧克力冰淇淋的可能性如何呢？ | ➤ 可能回答：<br>① 可能是開心果冰淇淋。<br>② 可能是巧克力冰淇淋。<br>③ 拿到開心果冰淇淋比巧克力冰淇淋的可能性大。 | 口頭評量 |
| **6. 總結活動**<br>• 教師請學生說出這一節課的感想。<br>p.26<br> | 6-1 你對事件的發生有什麼感想？想知道「開心果冰淇淋」的故事嗎？可以上酷課雲看完整的故事，並寫下數學小日記。 | ➤ 可能回答：<br>① 我們可以根據一些資料或訊息判斷發生的可能性。<br>② 有些事情沒有如想像中的一定不可能，或者一定可能發生。 | 口頭評量 |
| | 6-2 猜猜看，今天上課的狀況，吃到獎勵「開心果」的可能性高嗎？ | ➤ 可能回答：<br>① 可能拿到，也可能拿不到獎勵。<br>② 有些小組表現很好。所以拿到獎勵的可能性很高。 | 口頭評量 |

　　這些案例提供了各有特色的教學，教師對應繪本內容來了解教學流程，必定能掌握數學繪本的教學。數學繪本的內容雖不全然可以代表真實生活情境，然而卻是數學素材與生活連結的橋梁，它能讓學童在腦中產生真實情境；其重點不是只讓孩子透過情境來學習數學，而是讓孩子感知到數學知識與能力可運用於日常生活中。

# 5

## 數學課堂的
## 討論文化

　　九年一貫課程綱要的十大基本能力中，特別指出：國民教育階段的課程設計應以學生為主體，以生活經驗為中心，強調「表達、溝通與分享」的重要性，認為學生應有效運用各種符號和工具，表達個人思想、觀念或情感，善於傾聽與他人溝通，並能與他人分享不同的見解或資訊（教育部，2003）。此外在數學領域的五大主題中，除連結主題是過程目標外，其餘都是內容目標，首次強調教學的歷程應重視「內部連結」和「外部連結」，在數學和生活中都要培養學童察覺、轉化、溝通、解題和評析的能力。在十二年國教課程綱要的核心素養三面九項（教育部，2014）中，數學領域更強調「自主行動」的系統思考與解決問題、「溝通互動」的符號運用與溝通表達、科技資訊與媒體素養、藝術涵養與美感素養，以及「社會參與」的多元文化與國際理解（教育部，2018）；教師教學應以學生為主體，以其數學能力發展為考量，鼓勵學童提出多元解法並和他人溝通解題想法；教師應引導學童體驗生活情境與數學的連結過程，並運用數學奠基與探索活動，鼓勵學生利用數學解決生活中的實際問題（國家教育研究院，2016）；期盼培養學童的數學素養，它是為適應現在生活及未來挑戰，所應具備的知識、能力和態度。

　　因此，不論連結主題、核心素養或數學素養，都呈現了改革導向的課程和教學理念；在數學課室中，教師應考慮學童的認知發展，並提供更大的空間讓學童表達想法，引導學童從探究教學、繪本教學來強化數學素養之「數學的思維」、「生活的應用」二類成分，要達成這些教學目標，就需要有師生互動、發表討論、分享辯證等課室活動；藉由學生為中心的教學，培養學童「自主、溝通、參與」的態度，數學素養導向教學的願景才能展現。數學課室討論文化的落實，影響數學素養導向教學的實踐甚巨；我們應如何落實以學生為中心的教學？如何經營課室的互動討論？如何協助學童產生有意義的學習？這都是教師經營數學課室要努力去實踐的。

# 理想數學課室的樣貌

學童要有「自主、溝通、參與」的學習態度，數學課室採排排坐或分組坐的形式都不是重點，而是須有實質上小組或全班的群體討論產生。基本上，教師能著重舊經驗到新目標、提供個別學生主動解題和探索、引導小組或全班群體討論和辯證，就可逐步培養學童群體討論文化的發展。本節將從理論面來介紹數學課室的討論文化，以及相關的討論式教學，以協助學童建立概念，養成思考與溝通的習慣。

## 學習者中心的數學教學趨勢

近二、三十年，教學方式受到知識是學習者主動產生，而非被動接受的思潮影響，過往以「教師為中心」的教學，逐漸轉變為以「學生為中心」的教學，強調學習者的主動參與，在社會互動中建構知識和理解概念。美國數學教師協會（NCTM, 2000）指出，在學習面：學生應該用理解的方式來學習數學，積極的在舊經驗與先備知識上建立新知；在教學面：有效的數學教學必須了解學生知道什麼、需要學習什麼，才能刺激和鼓勵他們學習得更好。NCTM（1991）提到數學教師的角色：要選擇引起學生學習興趣的數學教學內容，要提供進一步學習與應用數學的機會，要幫助學生使用工具，要幫助學生連結新舊概念，要能引導個人、小團體及整個班級活動進行。因此，數學的教與學更重視有意義、講道理的過程，培養學童真正的能力，而非強記的知識。NCTM（2000）建議教師營造學生理想的教學環境是：

1. 從只是個別學童聚在一起的教室，轉變成一個數學學習的社群。
2. 從教師提供正確答案，轉變至數學學習是建基在邏輯及驗證上。
3. 從強記計算過程，轉變至運用數學推理過程。
4. 從機械式的尋找答案，轉變至運用推想、創意和解題技巧。
5. 從把數學當作一堆獨立的概念和程序，轉變至把數學概念和應用

連結起來。

新的教育觀更認為每個學童都可以學習，關心每一個學童公平的學習機會，針對學童個別學習特質給予輔導，發展學童多元智能，把每一位學童都帶上來。

荷蘭的真實數學教育（Realistic Mathematics Education, RME）強調教育應該「引導」學生經由做數學而有「再發明」數學的機會，數學是一個「數學化」活動的過程（Freduenthal, 1991）。它同時包含了「真實情境的數學化」又稱「水平數學化」、「數學知識的數學化」又稱「垂直數學化」（Treffers, 1991）。RME 理論的主要精神有兩個重要的觀點：(1) 數學必須與真實情境連結；(2) 數學是人類的活動。強調「引導、再發明、數學化」，所謂「發明」是指學生在學習的過程中，經由一步一步的小階梯去獲得數學概念，而「引導」就是學習過程中的教學環境；因此，一個教學序列的起點設計，要能夠引發學生探究潛藏在問題情境中的數學概念，而這個概念最後能夠被學生證明出來。數學與真實情境的關聯，RME 是以能想像（to imagine）來描述；它呼應了學習數學的目的是將數學運用於生活中，學習內容的安排應與學童生活有關，讓學生面對真實或擬真的生活情境，而非只是特定的學科知識。

根據學習金字塔理論，學習者在二週以後還記得的學習內容，聽教師講述只剩 5%、閱讀的保存率 10%、透過視聽的效果為 20%，就算有示範或展示也只有 30%，但經過小組討論可記住 50%、透過做中學或實際演練可達到 75%，在金字塔底部的學習方式是教別人或馬上應用，其成效為 90%。因此，教學應重視學習過程、學習社群的互動等，數學教學中的師生、生生互動越顯重要，這才能充分展現學習者中心理念的實踐。數學教學更應強調利用學生舊知識為基礎建立新知，理解的學習才是習得知識的方法；藉由師生、同儕間互動，促使學生思考、發表、討論與評析，將有助於數學觀念的學習與穩固。

## 討論式教學與群體討論文化

　　討論式教學主要根據社會建構主義所持之教學理念予以實踐，而社會建構主義認為個別的主體和社會性組織是互相連結的；維高斯基（Vygotsky）認為個體心理能力的發生是源自於社會，而後才是個體心理層面內在的發生，而近側發展區（zone of proximal development, ZPD）是介於兒童能獨立解決問題的實際發展層次，在成人引導或與能力較佳的同儕合作下，所能解決問題的潛能發展層次的距離（周玉秀，1998）。因此，討論式教學最重要的是以學習者為主體，由學習者自己建構知識，而非教師的直接傳授；而教師應扮演提供鷹架（scaffolding）的角色，一個好的教學應該是能帶動發展，並促發在近側發展區中之功能。討論式數學教學所強調的教室群體討論文化，事實上就是在實踐建構導向教學之理念。鷹架理論源自於維高斯基的近側發展區概念，Anghileri（2002）將鷹架教學的策略分為三個層次，層次一：以學習環境的準備為主，它不直接影響到學生和教師間的互動，只包括出自天性的情感交流；層次二：包含教師和學生間的直接互動，尤其是在有計畫的學習時，藉由直接交互作用中的展示和說明，造成了更多合作的意義；層次三：以幫助學生連結舊經驗和新的數學觀念為主，數學觀念經由概念的談話和表徵的建立所產生。數學學習都是由各層次的鷹架來加強，它的影響不只是漸進的，更可在教學中做有效的交互作用。

　　討論式教學也重視數學教室文化的培養，數學教室文化（鍾靜，1996）意指師生在數學教室中的活動型態，這種活動型態是師生、生生互動交織而成的；數學教室討論式教學的實施，就是在培養群體討論文化。討論式教學強調的是在群體的互動中，師生、同儕藉由對數學解題活動的討論，衍生出對數學知識的意義、解題記錄的格式，以及解題活動的說明等產生質疑，且相互辯證、澄清的過程，其中包含學生從不會發表到會對他人的作法提出問題，以及教師如何引導學生發表並促進討論的歷程。

因此，教師能發問更多開放式問題、促進學生和學生間的對話，學生能對同儕發表的解法提問、仔細聆聽彼此間的討論；教師更深入了解學生的解法、細緻處理學生的描述，學生能說明他們的解法、辯護他們的答案和作法；教師能利用學生的解法做進一步的教學、運用學生錯誤解法作爲學習的強化，學生解法與他人不同時也能展現自信、澄清自己和其他人想法的差異。

教育部（1993）曾於八十二年版國民小學課程標準中，針對數學教學型態提出「群體解題文化」一詞，希望藉由群體共同解題、討論的歷程，以落實學生爲學習本位的觀點，期望學生能從群體互動的過程中發現、建構知識。所謂「群體」是指一個團體或社群，人數不拘。所謂的「群體討論文化」（教育部臺灣省國民學校教師研習會，1994）是期望在數學教學中能透過群體討論的方式，讓學生去尊重、理解和評鑑他人解題方式與想法的一種學習互動歷程，也是社會互動的學習過程。在這之中，教師提供學生一些親身參與的具體解題活動；在解題活動中，學生接受教師提供的問題情境，包括教師給予的限制條件，以學生當時在教室的認知狀態，單獨或透過合作討論、群體活動解題；學生再根據其解題時的歷程紀錄和解答對全班加以講述、重演此一解題想法和歷程。學生同儕間可以補充、質疑、辯證，比較不同的解法，並透過個人認知狀態加以選擇解題策略，以提升數學概念的結構。

## 數學課室的專業對話層次探討

藉由群體合作的學習方式，兒童不但能因溝通的需求而自我反省，使得解題活動得以內蘊化，更能因兒童的個別差異所列舉出的活動，使得兒童藉由觀摩他人的觀點及不同的活動，增進有關問題及解決之道的了解，使學習更有意義。對教師而言並非增加負擔，反而減輕，因爲由兒童間的互動關係所促成的兒童的自我調整，一向比教師的灌輸更爲有效及有意義。討論式教學強調的是師生、同儕在群體的互動中，藉由小組內、小組

間或全班對數學解題活動的討論，衍生出對數學知識的意義，以及對解題的說明等產生質疑，且相互辯證、澄清的過程。學童在教師爲中心的教學，從不會發表、討論或提問，到學生爲中心的教學，會對自己的作法提出說明、他人的作法提出問題，這都需要教師引導和促進的。

數學教室中群體討論文化的產生，需要逐步培養不可能一蹴可成；根據 Hufferd-Ackles、Fuson 和 Sherin（2004）研究數學課室中的師生對話，發現在教師適當的引導下，傳統的數學課室可以轉變成一個富含意義且合作的數學對話（math-talk）教室；從教師爲中心的教學，到學生爲中心的教學，教室文化有幾個層次的轉變。Hufferd-Ackles 等人（2004）分析數學課室中師生間的對話，建構出「提問」、「解釋數學想法」、「數學想法的來源」、「學習的責任」四個向度，以及 Level 0 到 Level 3 四個層級的數學課室中對話學習社群之層級和向度，詳下表：

**表 5-1：數學教室的對話學習社群**

|  | 提問 | 解釋數學想法 | 數學想法的來源 | 學習的責任 |
|---|---|---|---|---|
| **Level 0** | 教師是唯一的發問者 | 教師只關注答案的正確與否 | 教師站在黑板前告訴學生怎麼算數學，學生只回應教師的問題 | 學生是被動的接收者，對自己的學習沒負責任 |
| **Level 1** | 教師追問學生的想法 | 教師協助學生提出簡短的描述 | 教師開始使用學生的想法作為部分的數學內容 | 教師促進學生幫助他生，但教師仍獨自給予回饋 |
| **Level 2** | 學生開始問問題 | 教師幫助學生更深入的解釋 | 學生解題方式形成的內容 | 教師鼓勵學生有責任去了解他人想法，學生模仿教師追問問題的方法 |
| **Level 3** | 學生發起提問 | 學生可以完整且有信心地解釋，不需要太多的幫助 | 學生的解題策略是由每個小單元所建立的 | 當有學生不懂時，學生都可以扮演教師的角色協助其他的學生了解 |

整體來看，層次 0 是由教師決定教室中的所有活動，學童幾乎只扮演聽講者或接收者的角色；層次 1 是教師開始追問想法或鼓勵討論，但學童想法只部分呈現，教師仍獨自給予回饋；層次 2 是學童開始模仿教師問問題，學童解法有較多或較深入的討論，也被鼓勵了解他生的想法；層次 3 是學童主動提問，能完整解釋其想法，也能協助他生解釋，學童的解題形成教學主要內容。數學課室要具有群體討論文化，透過教師適時的引導與支持，學生擔任數學想法來源的角色越來越重，也能承擔學習責任，教師是促進者的角色，運用得宜能使學習的責任回歸到學生自身。

## 討論式教學與講述式教學

教學趨勢強調由教師中心轉為學生中心，以教師為中心的講述式教學雖然有其優點，但是缺乏了師生、生生間的互動，無法培養學童主動性思考和自發性學習。講述式教學重視知識的習得，強調學習成效，講求教學效率，認為數學知識可藉由教學教導給學生（甄曉蘭，1993）。而以教師為中心教學的優點：(1) 透過良好的講述內容、組織，將有關知識直接有效的傳達出去；(2) 在有限的時間內，傳達大量的資訊；(3) 易於計畫課程及加以組織；(4) 不必經由其他媒體的協助，可依講述者的經驗，使內容更充實；(5) 好的講述者將可以成為思考、研究與組織能力各方面學習的楷模（何文雀，1993）。但是，採用講述式教學法，學生缺少學習動機，不能激發更多的學習反應，單向的教學未考慮到學生的認知發展，學生不必多加思考、推理，只須全盤接受，養成記憶知識的習慣。所以，教師也要熟悉非講述教學的方法，尤其是討論式教學法，以免被單一教學法所限。

美國三位數學教育家和三位數學家在《*Reaching for Common Ground in K-12 Mathematics Education*》（Ball et al, 2005）一文指出，教師對數學教學要根據教學內容、學習目標，以及學生當時具備的知識與技能來決定教法；並混合使用直接教學、結構或開放式的探究教學，以引導學生更有效地學習；教師對於所教主題要有充實的知識，在尋求適當的教學法時才

能做出好的決定。前述的直接教學與講述式教學相關、各式探究教學與討論式教學相關，筆者也相當認同此觀點，若能對教法運用自如，才可能掌握教學目的，提升教學效果。以學生為中心的討論式教學雖然被重視，但是教學時間有限、學童不擅發表、學童不會提問⋯⋯等，都可能使有效能的討論無法產生；尤其面對數學教學，一節課只能討論 2、3 題，讓很多教師卻步。事實上，教師只要在學童學習新單元時，針對新概念的布題、較困難的布題，採取小組或全班的群體討論即可；讓學童從其自發性的解法，經社會互動的師生、生生討論，提升至教學目標或專家的解法。

## 群體討論文化的實踐

　　數學課室藉由師生、生生的社會互動產生群體討論文化，落實以學生為中心的教學，才有可能展現數學素養導向的教學。教師如何營造數學課室的討論文化呢？討論式數學教學符合教學須重視學習者個體及社會建構導向的趨勢，但它不是唯一的教學方法，也不是在每一節課、每一個活動都必須討論。教師認同此一理念，也不可能即知即行，須先轉為儀式型的討論教學，再深入為探究型的討論教學；而班級討論文化的塑造必須經歷心理性、社會性、科學性的發展階段。有經驗實施討論式教學的教師不會被教學進度、時間不足、學童程度等因素影響，反而覺得教人比教書重要，學童在有意義、重認知的學習下，是可以兼顧理解和熟練的。

### 討論式數學教學的精進

　　從討論式教學的實施面來看，教師扮演很重要的角色，須充分掌握討論式數學教學的特點，並能使學童數學概念的學習有所成效。數學教學應著重了解學童個人的數學意義，並給予其最佳的學習指導（Bruner, 1986）；教師的主要角色由問題情境的解題者，轉為問題情境的設計者與布題者，以及協助學童知識建構的促動者，並在學生們互動協商的過程中

擔任居中協調的要角。因此，討論式數學教學有以下特點：

1. 創造學習數學的環境，促使學童建構數學知識。

2. 啟發（initiating）和引導（guiding）數學意義的協商，著重了解學童個人的數學意義，給予最佳的學習指導。

3. 布置問題情境，使學童了解現象，並促使將已有的具體活動經驗類型抽象化成抽象運思的題目。

4. 不急著告訴學童答案，能容忍同儕討論數學問題時的吵雜，成為多傾聽、少打斷、高尊重、低控制的參與者。

5. 討論時，要能導引思考的方向、促進反省的活動、提供深層思考的數學問題、處理程序性問題、適時淡化或強化問題。

筆者在教學現場，發現社會建構導向數學教學的理想和實際落差很大；按照實際教學型態和學童參與程度，可分為儀式型和深究型（鍾靜，2005）：

**1. 儀式型的教學特質**

- 學童經常可以發表及說明自己的解法，但發表時，只是唸一遍所記的文字，不會清楚講解想法。

- 有社會性互動的語言在教室中出現，但師生的互動仍以教學者為主，多數只針對發表者互動。

- 由教師提問澄清，其他學童的參與不多。

- 學童的討論只是同意不同意？有沒有補充？無法引發全班學童數學概念澄清、質疑、辯證。

- 甚少有全班同儕間交互深度的數學概念討論。

**2. 深究型的教學特質**

- 同儕間的交互討論活動較多。

- 學童的發表較清楚地呈現數學概念。

- 學童的討論較關注數學意義。

- 學童會主動提問，涉及較多數學概念的質疑、辯證、澄清。

- 教師的角色在促進「反省」的活動，提問切入深層概念。
- 教師隨著學童的學習狀況，調整教學節奏。
- 教師關注全體學生的學習。
- 教師彈性運用教學技巧。

總之，數學教學中的討論溝通須由教師經營而得，教師至少要花一個學期以上的時間，在課室中經營並形成群體討論文化，並且由儀式型進入深究型更須假以時日。

## 討論式數學教學的轉變

群體討論文化可藉討論式教學來培養，面對低、中、高年級的學童，討論式數學教學的重點也會不同；鍾靜、朱建正（2002）指出：在小學數學教室中師生的溝通歷程，至少包含心理、社會及科學等三種層面，教師必須能確實掌握、靈活運用各種不同層面的討論活動，才能有效的建立群體討論文化。其大致主張為：低年級著重心理層面的經營，中年級強調社會層面的運作，高年級則以科學性的探討為主。這三個層面並非截然劃分，而是具有某種程度的重疊，通常這三種層面會混合出現在各階段的教學過程中，只是所占的比重不同；年級越低越重心理性，年級越高越重科學性，這是大循環的發展。教師如果新接一個班級，新的討論文化被重塑，也會產生心理性、社會性、科學性小循環的發展。

房昔梅、鍾靜（2005）在一個新組成的五年級班級中實施討論式數學教學研究，結果顯示教師於初始期側重心理性層面的引導，調整期促進學童社會性層面的互動，穩定期加強提升思考和討論的深度後，多數學童都能使用數學語言積極主動的參與討論、提出質疑與辯證，並具有主導討論和做結論的能力。各時期分別實施關於心理性、社會性及科學性三個層面教學行動的重點和說明，摘要整理成下表：

**表 5-2：實施討論式數學教學之行動**

| | 心理性層面 | 社會性層面 | 科學性層面 |
|---|---|---|---|
| 初始期 | 1. 營造安全的發表氣氛<br>2. 刺激學童的發表意願 | 1. 師生共同訂定教室規範<br>2. 積極促進同儕間的互動 | 1. 教師示範提問，引導學童發表<br>2. 重視學童理解並熟練計算技巧<br>3. 指導學童以數學日記反思學習 |
| 調整期 | 1. 鼓勵發表傾聽並掌握討論的重點<br>2. 多變化的教學抓住學童的注意力 | 1. 適當調整學童座位，使各小組素質平均<br>2. 促進小組合作，鼓勵同儕交互指導學習 | 1. 教師扮演較高層次的同儕，引導學童發問<br>2. 善用認知衝突，幫助學童澄清數學概念<br>3. 培養學童以數學語言表達及溝通的能力 |
| 穩定期 | 1. 關注不同程度學童的學習<br>2. 安撫學童們的情緒性反應 | 1. 刺激學童多樣思考並使討論聚焦<br>2. 依實際需要彈性安排討論的型態 | 1. 培養學童主導討論及做結論的能力<br>2. 引導學童進行深入數學內涵的質疑辯證<br>3. 學童透過討論活動建立反思的習慣 |

在三個時期分別實施心理性的發表及討論、社會性的討論與澄清、科學性的質疑和辯證，因此有關社會互動中的發表與討論、深入數學內涵的討論與澄清、有助於澄清數學概念的質疑和辯證，這三個向度在不同時期的行動策略及反思，摘要整理成下表：

**表 5-3：經營討論式數學教學時各階段的行動策略及反思**

| | 社會互動中的<br>發表及討論 | 深入數學內涵的<br>討論與澄清 | 有助於澄清數學概念的<br>質疑和辯證 |
|---|---|---|---|
| 初始期 | 1. 教師發言多於學童，目的在引發討論<br>2. 掌握學童的認知發展有助於教學引導 | 1. 教師充分備課可確實掌握教材脈絡<br>2. 初期由教師及程度較佳的學童示範發表 | 1. 教師適時介入可以凝聚討論的焦點<br>2. 引導學童比較不同解題策略之層次 |

|  | 社會互動中的<br>發表及討論 | 深入數學內涵的<br>討論與澄清 | 有助於澄清數學概念的<br>質疑和辯證 |
|---|---|---|---|
| 調整期 | 1. 小組討論可以平衡學習的時間差<br>2. 同儕合作能有效降低學童的焦慮 | 1. 鼓勵學童發問，並包容學生不同的思考路徑<br>2. 引導學童由「發表者」轉為「質疑辯證者」 | 1. 指導學童主導討論並做成結論<br>2. 教師對新舊教材應做不同的教學處理 |
| 穩定期 | 1. 學童的發表討論多於教師的引導語<br>2. 心理性對話減少，科學性對話增加 | 1. 以數學語言溝通有助於數學概念的澄清<br>2. 討論不同的解題策略幫助學童搭建學習鷹架 | 1. 引導學童深入數學內涵並進行理性的溝通<br>2. 學童經由質疑辯證的過程提升數學思考能力 |

　　總之，教師新接一個班級，大約要一學期經歷初始期、調整期、穩定期，各班各期的時間不一定，通常每期至少一個月，要視教師經營課室文化的用心程度，它不會隨時間自然發生。在初始期，最重要是建立學童的發表信心並刺激發表意願，所以激勵策略貫穿整學期；調整期，進一步希望學童的發表有條理，有秩序。課堂互動情形穩定後，再進行科學性層面的深入引導，這是三個層面在各階段的不同重點。各階段的行動策略都包含發表－澄清－質疑辯證，然而初始期多著重在鼓勵發表，調整期進一步引導澄清，穩定期則引導學童進行深入數學內涵的質疑辯證。三個面向雖同時出現，但各階段有不同的行動重點，呈螺旋式發展。

## 群體討論文化要素的建立

　　數學課室應是一個共同學習的社群，透過小組或全班討論進行新概念或複雜布題的探究，培養學生思考、推理、溝通……等能力；初期側重心理性層面勇於發言的引導，中期則重社會性層面合作討論的培養，後期著重科學性層面推理辯證的厚實。總之，數學課室討論文化的建立，雖然需要假以時日，但是教學與學習的成效加倍呈現。不論是數學課室的群體

討論文化，還是討論式教學，它們的基本要素就是討論和發表、辯證和質疑，教師須幫助學童建立，才能逐漸進入對話學習社群的最高層次：學童會主動提問；能完整解釋其想法，也能協助他生解釋；學童的解題形成教學的主要內容。

很多教師認為成就較高的學生較會發表、成就較低的學生不願意發表，而中等成就的學生就看他當下解題的信心；實際上，不論哪一類學童要進行有意義的發表，都須假以時日予以培養。較優學生的發表要引導其能讓同儕理解，發揮教學相長的功能；中等學生通常是把寫出的作法唸一遍，教師應引導其說出算式中數字代表的意義；較弱學生能在教師的引導下，上台說出他的解題想法是什麼就可。重要的是要關注所有學童是否都認真聆聽，而非只是發表者和教師的互動，僅有少數學童參與討論；能聆聽同儕的發表和參與討論十分重要，學童不只可以了解多元解法外，還可以增進自己的批判分析能力，這也是一種學習中的學習。學童不是上台唸唸解法就好，而是要引導他們能深入說明解題想法和題目情境的關聯；通常，在低年級要培養學童敢說、願意說的心理層面，中年級要引導學童小組或全班討論的社會層面，高年級要鼓勵學童用數學語言溝通的科學層面；但是，教師新接一個班級要經營討論文化，一般必須歷經初始期、調整期、穩定期這三個階段，只是不同年級在心理性、社會性、科學性的比重有所差異。

以學生為中心的教學，雖然發表和討論是核心，但須提升學童能主動參與和思考；學童不僅要學會數學思維，更要透過數學學會思考，並能將數學在生活中連結和應用。尤其，學童到了中、高年級，如何能從聆聽、發表、提問，進階到說理、辯證、質疑呢？筆者在前節就分享了一位有討論式教學經驗的高年級教師，新接五年級的教學策略。雖然師生都有數學課堂討論的經驗，但不代表新班級的討論活動就能自然發生；學期初的課堂中，學童舉手發言者不多，教師決定由心理層面入手，師生共同訂定數學討論規範，並引導學童說出解題的想法，當學童無法明確表達時，教師

會逐步示範。開學一個月後，為解決教學進度落後、各組討論狀況不均的問題，重新採異質性分組，促進群體討論的有效進行；此階段只要學童的討論未偏離主題，教師就不介入。開學三個月後，課堂氣氛十分熱絡、師生間默契十足，學童可以主動發表和討論，進行群體討論中的質疑和辯證了；此時，同儕間的互動討論更豐富，教師更注意、更深入數學概念的探討。

　　總之，教師培養群體討論文化或實行討論式數學教學，所面臨的問題包括對教材脈絡的掌握、深怕教學時間不夠、擔心學童學習成效不彰、無法避免學童學習有落差、學童在學校多樣活動干擾學習，以及教師對討論文化理念的不信任、信心不足等。筆者認為，教師的教學轉型非一蹴可成，只要有實施群體討論文化或討論式教學的意圖，透過在教學現場的體驗和實施，並配合在教學中逐漸掌握心理性、社會性、科學性三層面的處理，一定可以降低實施討論式教學所面臨的困難，提升教學的成效。

# 6

# 結語

　　這本《鍾靜談教與學（一）：數學素養導向教學設計實務》，主要想跟國小教師分享筆者對數學素養的分析，透過國內外代表性文獻以及十二年國教數學領域課綱的內容，可以彙整成二類主要成分，一是數學的思維、一是生活的應用。由此觀點來看數學素養，不論是教學還是評量，都不能只重生活情境；尤其在國小階段，學童的基本數學知能不能忽略，數學概念和生活關聯都要重視。談數學素養導向教學，它沒有特定的教學模式，但它須透過學生為中心的教學，培養學童「自主行動」、「溝通互動」與「社會參與」等能力來達成。

　　從「數學的思維」角度來談教學，重視學童數學學習的認知發展是基本、實施到位的探究教學是強化；從「生活的應用」角度來談教學，數學繪本教學是最佳選擇；但若只有使用這些教材，未改變學童在數學課室的學習氛圍，絕對是無法培養學童數學素養的，須落實以學生為中心的教學，讓數學課室具有討論文化。因此，本書前五章的內容依序為：數學素養的內涵與教學、數學的思維基礎篇：認知發展、數學的思維加強篇：探究教學、生活的應用實踐篇：繪本教學、數學課室的討論文化；這些章節的內容都有理論介紹、實施探討和實例分享等。其中，學童的數學認知發展是融入單元教學的，教師要多了解符合學童學習的教材脈絡，並從數學繪本或探究教學的實施，建立課室的討論文化，培養學童的數學素養。

## 教材分量安排須循序漸進

　　教師開始嘗試數學繪本教學，每學期選用二本繪本進行閱讀和討論，參考已有的教學案例進行，初期有些接觸即可！中期可增加為每月選用一本數學繪本，部分參考已有的案例、部分嘗試自行設計，讓課室的師生互動產生有意義的對話和內容；當教師對數學繪本的選用、關鍵圖文的掌握，還有閱讀和討論的進行都能充分把握時，就可進入後期。在後期，教師可發現使用數學繪本教學的效果，還有教學時間不須增加的效用，只要

和單元學習有關的數學繪本均可選用，但不必勉強每單元一本。通常，學校一定要有實體的數學繪本，教師可以鼓勵學童課後再自行閱讀，還有一些上課沒選用的數學繪本也值得學童多去閱讀以增加知能。

探究教學部分，初期可設計一些小型探究活動進行探索和討論，教師多讓學童分享、說明和提問，了解學童的可能反應。中期時教師可以每單元設計一個小型探究活動為目標，讓學童對單元學習的內容有擴展和延伸的思考；此小型探究活動不是單元必須教學的內容，教師不宜用來評量。在中期也可有一、二個單元改以嘗試四階段探究教學，參考已有的教學案例進行教學，認識主探究問題和各階段的關鍵提問，了解不同階段的目的和教學流程。當教師對四階段探究教學有所體悟，對主探究問題的設計、教學流程的掌控、關鍵提問的作用能了然於心時，就可進入後期。在後期，教師可每個月選一個單元設計一節課的四階段探究教學，其餘單元則以小型探究活動為主，以增加數學教與學的深度和廣度。

通常繪本教學和探究教學能一起納進數學課室最佳，若能每個月選用一本數學繪本進行一節課的閱讀和討論、每個單元進行小型探究活動或每一、二個月進行一節課的四階段探究教學，都能豐富學童的學習，培養數學的素養，養成討論的習慣。

## 教師專業成長須假以時日

教師有實施繪本教學和探究教學的意願時，一定要勇於嘗試，不要怕教不好而裹足不前；因為接觸新的教材及以學生為中心的教學，都不是一蹴而成的事。教師的專業成長要邊做邊修正、邊做邊精進，開始先體驗，接著再掌握，最後一定會熟稔！教師們通常會求好心切，有一點失誤就擔心自己不會教；其實要有行動研究的精神，給自己反思和修正的空間，假以時日一定能成為專家的。

　　最後，筆者期盼這本書能協助教師們除了認識數學素養的二類重要成分外，對學童的數學認知發展、數學探究教學、數學繪本教學等也能有所了解和啟發，讓學童的數學學習變得很順暢、有深度、有廣度，在數學課室看得到色彩和亮點，同時也促使師生和同儕間討論文化的養成！

# 參考文獻

## 中文文獻

朱華偉、錢展望（2009）。**數學解題策略**。大陸：科學出版社。

何文雀（1993）。**學生中心教學與教師中心教學對某國小五年級學生資源回收知識、態度及行為影響之實證研究**。臺灣師範大學衛生教育研究所碩士論文。

李國偉、黃文璋、楊德清、劉柏宏（2013）。**教育部提昇國民素養實施方案——數學素養研究計畫結案報告**。臺北市：教育部。

周玉秀（1998）。維高斯基心理歷史分析。幼教天地，**15**，241-251。

周筱亭主編（2001a）。**數學為主軸的統整課程教學活動示例：國小篇（一）**。臺北縣：臺灣省國民學校教師研習會。

周筱亭主編（2001b）。**數學為主軸的統整課程教學活動示例：國小篇（二）**。臺北縣：臺灣省國民學校教師研習會。

周筱亭主編（2001c）。**數學為主軸的統整課程教學活動示例：國小篇（三）**。臺北縣：臺灣省國民學校教師研習會。

周筱亭主編（2003a）。**數學為主軸的統整課程教學活動示例：國小篇（四）**。臺北縣：教育部國立教育研究院籌備處。

周筱亭主編（2003b）。**數學為主軸的統整課程教學活動示例：國小篇（五）**。臺北縣：教育部國立教育研究院籌備處。

房昔梅、鍾靜（2005）。國小教師在高年級實施討論式數學教學之行動研究。**臺北教育大學學報：數理科技教育類**，**18**(2)，33-64。

林永豐（2017）。核心素養的課程教學轉化與設計。**教育研究月刊**，**275**，4-17。

林勇吉（2009）。**透過敘說取向個案研究探討四位國中數學教師發展數學探究教學之故事：聚焦於信念、知識與實務**。國立彰化師範大學科學教育所博士論文，未出版，彰化市。

林敏宜（2000）。**圖畫書的欣賞與應用**。臺北市：心理。

林碧珍、鄭章華、陳姿靜（2016）。數學素養導向的任務設計與教學實踐——以發展學童的數學論證為例。**教科書研究**，**9**(1)，109-134。

林福來、單維彰、李源順、鄭章華（2013）。**十二年國民基本教育領域綱要內容前導研究整合型研究之子計畫三：十二年國民基本教育數學領域綱要內容之前導研究研究報告**。新北市：國家教育研究院。

林寶山（1998）。**教學原理與技巧**。臺北市：五南。

柯華葳（2005）。國科會教育學門閱讀與寫作計畫回顧。載於行政院國科會（主編），**九十四年度國科會教育學門課程與教學領域專題計畫成果發表會會議手冊**（頁 80-93）。臺南市：國立臺南大學教育學系。

柯華葳、詹益綾、張建妤、游婷雅（2008）。**台灣四年級學生閱讀素養：PIRLS2006 報告**。2008 年 12 月 28 日，取自 http://lrn.ncu.edu.tw/pirls/index.htm

袁媛（2006）。**圖畫故事書融入國小數學學習的教學研究**。行政院國家科學委員會專題研究計畫成果報告（NSC 94-2521-S-033-001）。花蓮市：國立花蓮教育大學。

馬兵（2008）。**競賽解題策略‧競賽數學解題策略**。大陸：浙江大學出版社。

國家教育研究院（2016）。**十二年國民基本教育課程綱要國民中小學暨普通型高級中等學校數學領域（草案）**。新北市：作者。

康橋國際學校新竹校區（2019）。**迎向 108 課綱——數學探究教學實踐與反思研討會手冊**。新竹市：作者。

張英傑、周菊美譯（2005）。Van de Walle, J. A. 著。**中小學數學科教材教法**（*Elementary and Middle School Mathematics*）。臺北市：五南。（英文版出版於 2001）

張鎮華（2017.5.30）。數學學科知識也是數學素養（數學素養系列之 3）。**高中數學學科中心電子報，122**。

教育部（1993）。**國民小學課程標準**。臺北市：教育部。

教育部（2000）。**國民中小學九年一貫課程暫行綱要——數學學習領域**。臺北市：教育部。

教育部（2003）。**國民中小學九年一貫課程綱要——數學學習領域**。臺北市：教育部。

教育部（2010）。**閱讀理解策略教學手冊**。臺北市：教育部。

教育部（2014）。**十二年國民基本教育課程綱要總綱**。臺北市：教育部。

教育部（2018）。**十二年國民基本教育課程綱要國民中小學暨普通型高級中學：數學領域**。臺北市：教育部。

教育部臺灣省國民學校教師研習會（1994）。**國民小學數學實驗課程教師手冊第五冊**。新北市：作者。

單維彰、鄭章華（2017）。**十二年國教數學素養導向課程設計與教學案例**。新北

市：國家教育研究院。

黃家緯、楊德清（2021）。兒童數學繪本之開發與試用。**課程與教學季刊，24**(1)，201-234。

黃迺毓、李坤珊、王碧華（1994）。**童書非童書：給希望孩子看書的父母**。臺北市：宇宙光。

楊美伶（2021）。**老師，今天數學課要「玩」探究嗎？** 論文發表於臺灣教材研究發展學會舉辦之「素養導向探究教學實踐研討會」，新北市。

甄曉蘭（1993）。實踐新課程理念的必要性、妥適性與可行性。**八十二學年度數學教育研討會論文暨會議實錄彙編**，327-331。國立嘉義師範學院。

鍾靜（1996）。**數學教室文化的新貌**。發表於嘉義師範學院八十四學年度數學教育研討會。

鍾靜（2005）。**討論式數學教學的理論與實務**。論文發表於國立教育研究院籌備處舉辦之「運用科技進數學教師專業發展研討會」，臺北縣。

鍾靜（2012a）。運用數學步道或數學繪本活化教學。**教師天地，176**，8-15。

鍾靜（2012b）。數學繪本的閱讀與教學。**國民教育，52**(3)，39-48。

鍾靜（2015）。以探究教學提升學童數學概念之深度和廣度。**國民教育，55**(1)，126-139。

鍾靜（2018）。數學繪本在國小閱讀課或數學課之運用。**教育研究月刊，289**，125-142。

鍾靜、丁惠琪（2006）。合作學習應用在國小數學教學之探究。載於黃政傑、吳俊憲（主編），**合作學習：發展與實踐**（頁333-383）。臺北市：五南。

鍾靜、朱建正（2002）。**群體討論文化的發展**。臺北師範學院數理教育研究所「數學教學專題研究」上課講義。

鍾靜主編（2014）。**國小數學探究教學的設計與實踐**。臺北市：國立臺北教育大學。

鍾靜主編（2017）。**數學繪本的精彩課堂——閱讀課與數學課**。臺北市：國立臺北教育大學。

鍾靜指導（2020）。**數學繪本素養導向教學活動設計**。臺北市：臺北市國民教育輔導團國小數學領域輔導小組。

## 英文文獻

American Association for the Advancement of Science [AAAS]. (1993). *Benchmarks for scientific literacy: Project 2061*. New York: Oxford University Press.

Anderson, R. D. (2002). Reforming science teaching: What research says about inquiry. *Journal of Science Teacher Education, 13*(1), 1-12.

Anghileri, J. (2002). Scaffoding practice that enhance mathematics learning. *PME, 26*(2), 49-56.

Ball, D. L., Ferrini-Mundy, J., Kilpatrick, J., Milgram, R. J., Schmidt, W., & Schaar, R. (2005). Reaching for common ground in K-12 mathematics education. *Notices of AMS, 52*(9), 1055-1058.

Barnett, C. (1998). Mathematics teaching cases as catalyst for informed strategic inquiry. *Teaching and Teacher Education, 14*, 81-93.

Björklund, C., & Palmé, H. (2020). Preschoolers' reasoning about numbers in picture books. *Mathematical Thinking and Learning, 22*(3), 195-213.

Borasi, R. (1992). *Learning mathematics through inquiry.* Portsmouth, NH: Heinemann.

Bruner, J. S. (1986). *Actual minds, possible worlds*. Cambridge, MA: Harvard University Press.

Burns, M. (2010). As easy as pi: Picture books are perfect for teaching math. *School Library Journal, 56*(5), 32-41.

Bybee, R. W., & Landes, N. M. (1988). The biological science curriculum study (BSCS). *Science and Children, 25*(8), 36-37.

Chapman, O. (2007). Preservice secondary mathematics teachers' knowledge and inquiry teaching approaches. In Woo, J. H., Lew, H. C., Park, K. S. & Seo, D. Y. (Eds.), *Proceedings of the 31st Conference of the International Group for the Psychology of Mathematics Education, 2*, 97-104. Seoul: PME.

Colburn, A. (2000, Mar). An inquiry primer, *Science Scope, 6*, 42-44.

Dole, J. A., Duffy, G. G., Roehler, L. R., & Pearson, P. D. (1991). Moving from the old to the new: Research on reading comprehension instruction. *Review of Educational Research, 61*(2), 239-264.

Freudenthal, H. (1973). *Mathematics as an education task*. D. Reidel, Dordrecht.

Freudenthal, H. (1991). *Revisiting mathematics education: China lectures*. Dordrecht: Kluwer Academic Publishers.

Freudenthal, H. (2012). *Mathematics as an education task*. Spriger Science & Business Media.

Gailey, S. K.(1993). The mathematics-children's-literature connection. *The Arithmetic Teacher, 40*(5), 258-261.

Hufferd-Ackles, K., Fuson, K. C., & Sherin, M. G. (2004). Describing levels and components of a math-talk learning community. *Journal for Research in Mathematics Education, 35*(2), 81-116.

Inoue, N., & Buczynski, S. (2011). You asked open-ended questions, now what? Understanding the nature of stumbling blocks in teaching inquiry lessons. *The Mathematics Educator, 20*(2), 10-23.

Jarrett, D. (1997). *Inquiry strategies for science and mathematics learning: It's just good teaching*. Oregon, DC: Northwest Regional Educational Laboratory.

Jenner, D. M., & Anderson, A. G. (2000). Experiencing mathematics through literature: The story of Neil. *Teaching Children Mathematics, 6*(9), 544-547.

Karplus, R., & Their, H. D. (1967). *A new look at elementary school science*. IL: Rand McNally.

Kilpatrick, J., Swafford, J., & Findell, B. (Eds). (2001). The strands of mathematical proficiency. *Adding it up: Helping children learn mathematics* (pp.115-155). Nation Academies Press.

Kinniburgh, L. H., & Byrd, K. (2008, January/February). Ten black dots and September 11: Integrating social studies and mathematics through children's literature. *The Social Studies*, 33-36.

Kuster, G., Johnson, E., Keene, K., & Andrew-Larson, C. (2018). Inquiry-oriented instruction: A conceptualization of instructional principles. *PRIMUS, 28* (1), 13-30.

Lawson, A. E. (1989). *A theory of instruction: Using the learning cycle to teach science concepts and thinking skills*. NARST, 1.

Makar, K., (2012). The pedagogy of mathematical inquiry. In R. M. Gillies (Ed.), *Pedagogy: New developments in the learning sciences* (pp.371-397). New

York, NY: Nova Science.

Martinez, J. G. R., & Martinez, N. C. (2000). Teaching math with stories. *Teaching Pre K-8, 30*(4), 54-56.

Martinez, J. G. R., & Martinez, N. C. (2001). *Read and writing to learn mathematics: A guide and a resource book.* Needham Height, MA: Allyn & Bacon.

McNeal, B., & Simon, M. (2000). Mathematics culture clash: Negotiating new classroom norms with prospective teachers. *Journal of Mathematical Behavior, 18*(4), 475-509.

Murphy, S. J. (1999). Learning math through stories. *School Library Journal, 45*(3), 122-123.

Musser, G. L., & Burger, W. F. (1994). *Mathematics for elementary teachers: A contemporary approach* (3rd ed.). Englewood Cliffs, New Jersey: A Simon & Schuster Company.

National Council of Teachers of Mathematics (1989). *Curriculum and evaluation standards for school mathematics.* Reston, VA: NCTM.

National Council of Teachers of Mathematics (1991). *Professional standards for teaching mathematics.* Reston, VA: NTCM.

National Council of Teachers of Mathematics (2000). *Principle and standards for school mathematics.* Reston, VA: NCTM.

National Research Council [NRC]. (1996). *National science education standards: observe, interact, change, learn.* Washington, DC: National Academy Press.

National Research Council [NRC] (2001). *Adding it up: Helping children learn mathematics. Washington,* DC: National Academy Press.

OECD (2018). *PISA 2021 Mathematics Framework (Draft).* Retrieved fromhttps:// pisa2021maths.oecd.org/files/PISA%202021%20Mathematics%20 Framework%20Draft.pdf

Palincsar, A. S., & Brown, A. L. (1984). Reciprocal teaching of comprehension-forstering and comprehension-monitoring activities. *Cognition and Instruction, 1*(2), 117-175.

Rosenshine, B. (1995). Advances in research on instruction. *The Journal of Educational Research, 88*(5), 262-268.

Schiro, M.(1997). *Integrating children's literature and mathematics in the classroom: Children as meaning makers, problem solvers, and literary critics.* NY: Teachers College Press.

Shatzer, J. (2008). Picture book power: Connecting children's literature and mathematics. *The Reading Teacher, 61*(8), 649-653.

Siegel, M., Borasi, R., & Fonzi, J. (1998). Supporting students' mathematical inquiries through reading. *Journal for Research in Mathematics Education, 29*(4), 378-413.

Speer, W. R. (2003). Inquiry learning in mathematics. In *Center of Science and Mathematics education: Opportunities for Success.* Retrieved December 7, 2004, from http://cosmos.bgsu.edu/oborconf2003/Speer_COSMOS.ppt

Suchman, J. R. (1961). *Developing inquiry.* Chicago: Science Research Associates.

Treffers, A. (1991). Realistic mathematics education in the Netherlands 1980-1990. In L. Streefland (Ed.) *Realistic mathematics education in primary school.* Utrecht: CD-βPress./ Freudenthal Institute, Utrecht University.

Van Den Heuvel-Panhuizen, M. (2000). *Mathematics education in the Netherlands: A guided tour.* Freudenthal Institute Cd-rom for ICME9. Utrecht: Utrecht Univesity.

Ward, R. A. (2005). Using children's literature to inspire K-8 preservice teachers' future mathematics pedagogy. *The Reading Teacher, 59*(2), 132-143.

White, R., & Gunstone, R. F. (1992). Prediction-observation-explanation. In White, R., & Gunstone, R., *Probing understanding* (pp.44-64). London: The Falmer Press.

國家圖書館出版品預行編目資料

鍾靜談教與學. 一：數學素養導向教學設計實務／鍾靜著. ——初版. ——臺北市：五南圖書出版股份有限公司, 2022.11
面；　公分
ISBN 978-626-343-378-6（平裝）

1.CST: 數學教育　2.CST: 教學設計　3.CST: 小學教學

523.3207　　　　　　　　　111014716

1I5K

# 鍾靜談教與學(一)
# 數學素養導向教學設計實務

作　　者一 鍾　靜

發 行 人一 楊榮川

總 經 理一 楊士清

總 編 輯一 楊秀麗

副總編輯一 黃文瓊

責任編輯一 黃淑真、李敏華

封面設計一 王麗娟

出 版 者一 五南圖書出版股份有限公司

地　　址：106臺北市大安區和平東路二段339號4樓

電　　話：(02)2705-5066　　傳　　真：(02)2706-6100

網　　址：https://www.wunan.com.tw

電子郵件：wunan@wunan.com.tw

劃撥帳號：01068953

戶　　名：五南圖書出版股份有限公司

法律顧問　林勝安律師事務所　林勝安律師

出版日期　2022年11月初版一刷
　　　　　2023年 1 月初版二刷

定　　價　新臺幣380元

◎本書所引用教科書頁面的案例、圖片，經翰林出版事業股份有限公司授權使用。

※版權所有·欲利用本書內容，必須徵求本公司同意※

**五 南**
**WU-NAN**

全新官方臉書

# 五南讀書趣

**WUNAN**
**Books**
since1966

**Facebook** 按讚

**1 秒變文青**

★ 專業實用有趣
★ 搶先書籍開箱
★ 獨家優惠好康

五南讀書趣 Wunan Books

不定期舉辦抽獎
贈書活動喔！！！

# 經典永恆・名著常在

## 五十週年的獻禮 —— 經典名著文庫

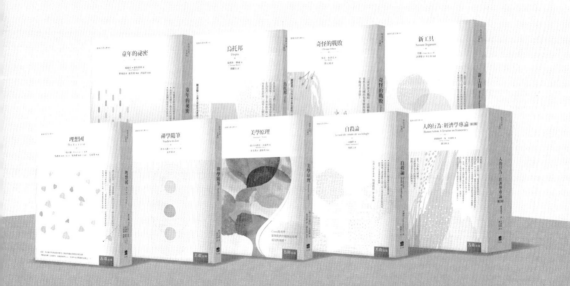

五南，五十年了，半個世紀，人生旅程的一大半，走過來了。

思索著，邁向百年的未來歷程，能為知識界、文化學術界作些什麼？

在速食文化的生態下，有什麼值得讓人雋永品味的？

歷代經典・當今名著，經過時間的洗禮，千錘百鍊，流傳至今，光芒耀人；

不僅使我們能領悟前人的智慧，同時也增深加廣我們思考的深度與視野。

我們決心投入巨資，有計畫的系統梳選，成立「經典名著文庫」，

希望收入古今中外思想性的、充滿睿智與獨見的經典、名著。

這是一項理想性的、永續性的巨大出版工程。

不在意讀者的眾寡，只考慮它的學術價值，力求完整展現先哲思想的軌跡；

為知識界開啟一片智慧之窗，營造一座百花綻放的世界文明公園，

任君遨遊、取菁吸蜜、嘉惠學子！